大数据时代智慧旅游管理与服务

曹晓慧 ◎ 著

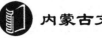

内蒙古文化出版社

图书在版编目（CIP）数据

大数据时代智慧旅游管理与服务 / 曹晓慧著. -- 呼伦贝尔：内蒙古文化出版社，2024.2

ISBN 978-7-5521-2413-2

Ⅰ．①大… Ⅱ．①曹… Ⅲ．①智能技术－应用－旅游业－研究 Ⅳ.①F59-39

中国国家版本馆 CIP 数据核字（2024）第053388号

大数据时代智慧旅游管理与服务

曹晓慧　著

责任编辑	黑　虎
装帧设计	北京万瑞铭图文化传媒有限公司
出版发行	内蒙古文化出版社
地　　址	呼伦贝尔市海拉尔区河东新春街 4 付 3 号
直销热线	0470-8241422　　　　**邮编**　021008
印刷装订	天津旭丰源印刷有限公司
开　　本	787mm×1092mm　1/16
印　　张	13
字　　数	200千
版　　次	2024 年 10 月第 1 版
印　　次	2024 年 10 月第 1 次印刷
标准书号	978-7-5521-2413-2
定　　价	78.00 元

前　言

　　智慧旅游是旅游信息化的最新发展，是基于智慧地球与智慧城市基础上提出的概念。它是以物联网、云计算、移动通信、智能终端、信息资源共享等新一代信息技术为支撑，主动感知旅游资源、旅游经济、旅游活动、旅游者行为等方面的信息，对信息资源进行最大限度的开发利用，以更加及时、准确、智能的方式为游客、旅游企业、旅游管理部门提供各种信息化应用和服务。智慧旅游应以将旅游业培育成为国民经济战略性支柱产业和人民群众更加满意的现代服务业为根本目标，逐渐形成旅游产业发展的新模式和新形态。

　　智慧旅游的发展，既符合国家将旅游产业定位为国民经济的战略性支柱产业与人民群众更加满意的现代服务业的发展要求，也是旅游业实现自身产业转型升级的迫切需要，更是旅游消费者个性化与智慧旅行发展的内在需求。随着"互联网＋"、物联网、大数据、云计算等现代技术手段的日新月异以及虚拟实景、智慧体验店、智慧旅行、智慧营销等智慧旅游产品和智慧旅游服务手段的不断创新，可以预见，智慧旅游将显著地改变我们的旅游休闲方式，让我们的生活变得更加美好。

　　本书从智慧旅游的基础理论介绍入手，针对智慧旅游技术建设、智慧旅游管理以及智慧旅游营销进行了分析研究，另外对智慧旅游公共服务、智慧旅游目的地建设做了一定的介绍，还对智慧旅游电子商务与大数据时代智慧旅游的创新发展提出了一些建议，旨在摸索出一条适合大数据时代智慧旅游管理与服务工作的科学道路，帮助其工作者在应用中少走弯路，运用科学方法，提高效率。

　　本书的写作原则是理论与实践相结合、系统性和全面性相结合、行业性与区域性相结合、前沿性与实用性相结合，力求体例清晰严谨、内容简洁新颖。本书层次分明，在内容取舍、难度权衡、热点把握及表达方式等方面都充分考虑读者的接受能力和实际要求，注重知识格局和内容体系的科学性与实用性。

目　录

第一章 智慧旅游的基础理论

第一节 智慧旅游的概念与特征

一、相关概念辨析

智慧旅游是基于新一代信息技术，为满足游客个性化需求，提供高品质、高满意度的服务，从而实现旅游资源及社会资源的共享与有效利用的系统化、集约化的管理变革。从内涵来看，智慧旅游的本质是指包括信息通信技术在内的智能技术在旅游业中的应用，是以提升旅游服务、改善旅游体验、创新旅游管理、优化旅游资源利用为目标，是增强旅游企业竞争力、提高旅游行业管理水平、扩大行业规模的现代化工程。智慧旅游是智慧地球及智慧城市的一部分。

智慧旅游的技术基础是新一代信息技术，如云计算、互联网技术等，这种技术会不断地发展和完善，没有一种特定的技术可以一成不变地存在。发展智慧旅游的目的在于提供个性化的服务，这种服务可以是公共服务，也可以是企业服务，总之是为了满足旅游者的个性化需求，这里突出了服务的品质，即高品质、高满意度的服务。智慧旅游是对社会资源的共享和有效利用，是一种系统化和集约化的管理变革。技术的运用、服务的供给都存在于这场变革之中。

智慧旅游与智能旅游、数字旅游、虚拟旅游和旅游信息化等存在明显差别。相关学者分析了智慧旅游与旅游信息化的区别与联系，提出了智慧旅游建设的 3 个主要目的：满足海量游客的个性化需求，实现旅游公共服务与公共管理的无缝对接，为企业（尤其是中小企业）提供服务。论证智慧旅游与旅游信息化的内涵、发展及互动关系，可以认为旅游信息化是智慧旅游发展的基石，智慧旅游是旅游信息化的延续。分析智慧旅游和数字旅游的关系，认为智慧旅游是基于数字旅游进行的各类旅游项目的信息化平台建设。旅游业经历了长期的发展过程，分别是信息化、数字化和智能化。中国旅游信息化经历了3个阶段：专业化阶段、数字旅游和数字景区阶段、智能化阶段。智能化包含在信息化和数字化的进程之中，或者是信息化和数字化的延伸。在此基础上，从技术运用和旅游服务的角度，认为旅游智能化的提法更为妥帖。数字旅游、虚拟旅游、智慧旅游进行比较研究，得出了三者终极目标相同、研究路径相似，时代背景不同、核心技术不同、倡导主体不同、学科出发点不同、侧重点不同等结论。从信息服务的视角，认为智慧旅游比智能旅游更能体现旅游业的特性和旅游者的需求特点。

目前对智慧旅游相关概念的论述，主要集中在智能旅游、数字旅游和旅游信息化，对虚拟旅游的研究略显不足。同时，相关概念的侧重点、特征内涵、核心技术、主要应用和实现方式等各不相同：数字旅游侧重于旅游信息数据的集成；智能旅游侧重于科学技术在旅游业的应用；虚拟旅游侧重于旅游场景的空间展示；旅游信息化则是信息技术在旅游业应用的一种状态，既可以是初级的应用，也可以是高级的发展。智慧旅游是旅游信息化的高级阶段，包含了数字技术、智能技术和虚拟技术等，是数字旅游、智能旅游和虚拟旅游的综合，因而智慧旅游更能够体现出旅游业发展的理论与实践。

（一）智慧旅游与旅游信息化

智慧旅游与旅游信息化既有区别又有联系。信息化是指充分利用信息技术，开发利用信息资源，促进信息交流和知识共享，提高经济增长质量，推动经济社会发展转型的历史进程。旅游信息化，从狭义上讲是旅游信息的数字化，即把旅游信息通过信息技术进行采集、处理、转换，能够用文字、数字、图形、声音、动画等来存储、传输、应用的内容或特征；从广义上讲是指充分利用信息技术，对旅游产业链进行深层次重构，即对旅游产业链的组成要素进行重新分配、组合、加工、传播、销售，以促进传统旅游业向现代旅游业的转化，加快旅游业的发展速度。因此，信息化与旅游信息化既是过程也是结果，对过程的理解侧重于实现信息化的过程，而对结果的理解则侧重于"信息化"的结果。

然而，由于信息技术的不断发展，信息化在实践中更侧重于是一个随着信息技术的发展而不断进行的过程。智慧旅游则可理解为旅游信息化的高级阶段,其并不是旅游电子政务、旅游电子商务、数字化景区等用"智慧化"概念的重新包装,而是要能够解决旅游发展中出现的新问题,满足旅游发展中的新需求,实现旅游发展中的新思路以及新理念。为此,智慧旅游的建设目的集中于 3 个方面。

1. 满足海量游客的个性化需求

日渐兴盛的散客市场使得自助游和散客游已经成为一种主要的出游方式。散客占到游客总数的 91%。未来散客的市场份额将不断扩大,因此对于更加便利快捷的智能化、个性化、信息化的服务的需求将不断扩大。

2. 实现旅游公共服务与公共管理的无缝整合

随着电子政务向构建服务型政府方向发展,旅游信息化的高级阶段应是海量信息的充分利用、交流与共享,以"公共服务"为中心的服务与管理流程的无缝整合,实现服务与管理决策的科学、合理。

3. 为企业(尤其是中小企业)提供服务

中小旅游企业的信息化水平不高,在智慧旅游的建设过程中如何吸引中小旅游企业加快信息化进程是目前各智慧旅游试点省、自治区、直辖市在实践中遇到的难点问题。基于云计算的智慧旅游平台能够向中小旅游企业提供服务,为其节省信息化建设投资与运营成本,是中小旅游企业进行智慧旅游集约化建设的最佳方式。

(二)智慧旅游与数字旅游

数字化是将许多复杂多变的信息转变为可以度量的数字、数据,再用这些数字、数据建立适当的数字化模型,把它们转变为一系列二进制代码,引入计算机内部,进行统一处理。旅游数字化的过程就是将旅游相关的数字和数据进行集成,然后建立旅游数据库和数字化模型,实现对这些数据的运用。智慧旅游是将一系列的数字和数据加以利用,其在利用的过程中,通过一定的智能设备和终端,实现便捷化、人性化和综合化运用。智能化和数字化相比,主要具有以下特点。

1. 数字化是固定的,而智慧旅游是灵活的

数字化是数据的简单的集成,通过这些数据形成一定的模型,这个模型是固定的,是没有"生机"的;而智慧旅游则是一系列的技术和人工的组合,

技术因为人工智能而灵动，人工智能因为技术而先进。数字化是智慧旅游的基础。

2. 数字化是单体的，而智慧旅游则是多重要素的集成

数字化只能对其本身具有的要素进行整合和运用，而智慧旅游则可以实现对各种要素的充分整合和运用。数字化是智慧旅游的有机组成部分。

（三）智慧旅游与虚拟旅游

虚拟化是指计算机原件在虚拟的基础上而不是真实的基础上运行。虚拟化技术可以扩大硬件的容量，简化软件的重新配置过程，从而使得新资源的配置过程不受现实、地理位置和底层资源的限制，因而它是一个逻辑视图而不是一个物理视图。虚拟旅游是指建立在现实旅游景观的基础上，运用虚拟现实技术，通过模拟或实景再现，构建一个虚拟的三维旅游环境，使得人们通过网络就可以在虚拟的旅游环境中饱览旅游风光。这种虚拟旅游的方式能够使人们看到生动逼真的旅游景观，仿佛置身于旅游环境一样。虚拟旅游是虚拟旅游平台技术的应用范围之一，应用计算机技术实现对旅游实景的模拟，使操作者仿佛身临其境般感受到旅游景观。

虚拟旅游与智慧旅游的区别在于，虚拟旅游具有一定的局限性。首先，就内容而言，主要局限于旅游景区、酒店等，范围明显较小，主要是给人们提供一个现场感受的感觉，即突出视觉感受。其次，就环境而言，虚拟旅游无法模拟现实存在的真正的旅游环境。真正的旅游环境中存在着各种变化的因素，这是虚拟旅游难以模拟的。旅游者开展旅游活动，不仅要看到优美的景观，更要感受到旅游中的各种现象，例如不同人的旅游行为等，而真实的环境是难以模拟的。再次，虚拟旅游的服务具有一定的局限性，人们在进行虚拟旅游时，无法享受到实地旅游中的相关服务。智慧旅游是一种宽泛的概念，人们可以通过虚拟现实技术感知旅游景区的美景，这本身也是智慧旅游的一部分，与虚拟旅游不同的是智慧旅游体系还能及时将与旅游相关的各类信息发布给旅游者，使旅游者真正享受到旅游中的感觉。这是虚拟旅游所不能提供的，因而虚拟旅游只是智慧旅游的一个要素形式而已。

（四）智慧旅游与智能旅游

国内对智慧旅游和智能旅游这两个概念的理解存在一定的争议。旅游服务的最终环节是人对人、面对面的服务与交流，这种服务通过思想与情感的交流进而实现文化的沟通与交流，是旅游者对地方风情与社会人文的体验，这是任何科技手段不能完全取代的人对人的服务。从旅游业的本质与特征而言，"旅游智能化"的提法更为妥帖。先进的科技手段为旅游活动提供方便、快捷、准确的智能化服务，弥补原始的人工服务的不足，同时它把智能化与人工化结合起来，让游客在享受现代科技的程式化、智能化成果的同时，又能享受传统的具有地域或民旅风格的人情化、个性化体验，使传统服务与现代科技有机对接。这是现代服务业的新境界、新天地。智能旅游更多体现的是智能设备在旅游中的运用，而智慧旅游并非单纯的智能设备的应用。智能设备是智慧旅游的实物依托，能对信息进行存储和发布，满足旅游者和旅游管理的需要。在设施设备提供服务的同时，通过人的意志进行旅游管理，通过智能设备载入人性化服务，这本身是一种智慧的体现，是人的智慧经由设备来完成的。因而，智慧旅游更加强调了服务提供中人的因素。旅游业是一个服务密集型的行业，缺少了人文因素，旅游活动就会失去光彩，只有将人文因素贯穿到智能设备中，实现智能设备的人性化服务，智慧旅游才能名副其实。智慧旅游与智能旅游的重要区别在于智慧旅游相对嵌入了更多的人文元素。

（五）智慧旅游与互联化旅游

所谓"互联化旅游"，是指不同的旅游要素通过一定的技术手段，实现信息交换和信息共享的旅游机制。互联化旅游是一种旅游的联动性，旅游者的旅游行程可以在同一个旅游区，也可以是跨旅游区的。通过联动，可以促进区域间的合作共赢，方便旅游活动的开展，提高旅游效率。这主要表现在区域间交通环境的协调、信息网络的建立、政策制度的统一等，联动性、协调性和统一性将促进区域经济一体化与旅游一体化的进程。旅游主管部门通过互联化旅游可以实现统一营销、统一基础设施的建设等，如此可以减少成本，节约社会资源，实现不同区域的合作发展。在管理上，可以避免繁杂的不必要的手续，提高管理效率和管理水平，从而促进旅游业的发展。智慧旅游的重要表现是消费便捷性、信息共享性和区域联动性。因而，联动是智慧的体现，也是智慧旅游的基础，没有互联化旅游就无所谓智慧旅游，互联化旅游是智慧旅游的基础要件。

二、智慧旅游的总体特征

（一）信息化

信息是旅游发展的基础，也是旅游活动、旅游开发、旅游经济、旅游管理的重要因素。在旅游活动开始之前，旅游者需要了解旅游目的地的各种相关信息，包括价格信息、景点信息、交通信息以及其他旅游相关信息；在旅游活动开展之中，旅游管理部门通过对游客消费特征的调查统计，对相关信息的运用，从而实现旅游市场的管理；在旅游景区开发之前，需要对旅游资源等各类资源进行调查，从而在信息充分的基础上实现旅游资源开发。信息获取和应用涉及旅游发展的各个层面，智慧旅游的发展是对行业内外相关信息的充分整合与运用。

（二）智能化

智能化是智慧旅游的重要体现，没有智能化，智慧旅游也就无从谈起。智能化体现在方方面面，如对旅游资源的开发、旅游信息的获取、旅游活动的开展、旅游市场的管理等。通过信息技术和智能设备，实现智能化服务与管理。在服务端，智能化实现数据统计、信息集成；在使用端则方便主体使用。

（三）专业化

专业化是智慧旅游的要求。智慧旅游与智慧城市、智慧地球不同，其范围更小，相对而言，其专业性愈加突出。

1. 专注

即设立单独的开发部门，针对旅游者、旅游运营商和旅游管理方的需求，开发单独的设备，满足旅游活动、旅游运营和旅游管理的需求。

2. 专业

实现旅游人才与技术人才的有机结合，进行专业化操作。

3. 专攻

对旅游中存在的专业性和管理性难题进行专项攻克，实现旅游业的畅通发展。

（四）全面化

智慧旅游的发展应用应是全方位、多层次和宽领域的，在旅游业的规划与开发、旅游项目的发展运营、旅游活动的开展中实现全方位的应用。无论是高端旅游还是大众旅游，无论是发达地区的旅游还是欠发达地区的旅游，无论是大型区域间的旅游还是小型的旅游目的地，都应当逐步向智慧旅游转变，此为智慧旅游的多层次应用。智慧化体现在旅游的各项要素中，比如智慧酒店、智慧餐饮、智慧旅行社、智慧旅游景区和智慧基础设施的建设，此为智慧旅游的宽领域应用。只有实现全面信息、全面建立、全面共享，保证旅游消费智能化、旅游供给智能化、旅游管理智能化，才能实现智慧旅游的全面发展。

（五）互联化

智慧旅游的一个重要方面是将各个孤立的要素解脱出来，将其与其他要素进行有机整合，从而有效避免信息孤岛现象的发生。首先，设施互联互通。矗立在街头的显示屏、景区的触摸屏等不是单独存在的，而是一个信息统一、节点分散的网络终端，不同地点的旅游者可以通过分散的终端获得相同的信息。其次，要素联动。旅游者来到旅游目的地后，不仅要旅游，同时还要住宿、娱乐等。智慧旅游将这些信息进行集成，旅游者可以一站式获得各类信息和服务，从而实现信息的有效获取。再次，管理联动。对旅游资源、旅游者、基础设施等的管理，实现互联互通，提高管理效率。最后，区域互联互通。不同的区域在发展旅游上相互支持、相互依托，实现区域互联互通，既有利于开发新的旅游产品，又可以集约成本，从而进行综合性的市场管理和运作。

第二节 智慧旅游的理论框架

一、主体维度

主体维度主要是指基于旅游生态圈的供需关系而产生的各主体之间的交互模型。从智慧旅游信息系统的应用对象及其相互关系入手，围绕应用对象本身及其之间的交互，以及对智慧旅游的需求，可以构建智慧旅游的主体维度3W模型。

主体维度是指智慧旅游的投资开发、运营管理和用户这些主体分别是谁，确定这些主体对于智慧旅游的可持续发展是十分重要的。一般来说，智慧旅游的主体由下列各相关利益方组成：以政府为代表的旅游公共管理与服务部门、旅游者、旅游企业以及目的地居民。智慧旅游既需要满足应用主体自身的需求，也需要满足应用主体之间的交互需求。例如，对于旅游者，智慧旅游既面向旅游者自身及其之间的需求，又面向旅游者与政府之间、旅游者与企业之间以及旅游者与目的地居民之间的交互需求。与传统信息技术应用面向政府、企业与旅游者三大主体不同，智慧旅游将目的地居民纳入应用对象，即智慧旅游在智慧城市外延下，不仅能够为旅游者提供服务，还能够使旅游管理、服务与目的地的整体发展相融合，使旅游者与目的地居民和谐相处。

二、科技维度

科技维度主要是指智慧旅游中的建设主体所应具有的科学技术能力及其建设与实施的特性与应用方向。将其归纳为 3A：科技维度—属性—应用模型。

能力是指智慧旅游所具有的先进信息技术能力，属性是指智慧旅游的应用是公益性的还是营利性的，应用是指智慧旅游能够向应用各方利益主体提供的具体功能。公益性是指智慧旅游的应用由政府或第三方组织提供，以公共管理与服务为目的，具有非营利性。营利性应用由市场化机制来决定服务提供商。智慧旅游的属性能够决定其开发主体、应用主体以及运营主体。智慧旅游的 3A 科技维度的内涵可归结为以下三点。

第一，以智慧旅游目的地的概念来明确应用主体。因此，除了一般智慧旅游所涵盖的旅游者、政府、企业，还包含目的地居民。

第二，公益和营利属性是信息技术能力和应用的连接层，即纵向可建立起基于某种（某些）信息技术能力，具有公益或营利性质的、面向某个（某些）应用主体的智慧旅游解决方案。

第三，公益性智慧旅游和营利性智慧旅游的各种应用以及两者之间具有某种程度的兼容性和连通性，可最大限度避免信息孤岛并填补信息鸿沟。

三、服务维度

服务维度是指从用户的角度考虑的可用、便利、经济等特性。

第一，"可用"是指在技术上可行，便于客户操作，学习成本低，实用性强，能给用户带来实际的好处，为用户创造价值，而不只是炒作概念。

第二，"便利"是指可以让用户很容易获得，与用户交互的界面友好，如尽量使用一键登录，而不是逐条填写烦琐的个人信息进行提交；对于游客来讲，采用二维码扫描登录，就比手工输入网址要方便得多；有些应用采用二维码扫描登录官方微信账号要比下载应用软件更加方便简捷，既不占用流量，登录速度也较快；服务尽量前置化，如及时推送实时信息，以及加强基于客户端的开发和应用。

第三，"经济"是指提供的应用和服务是用户或游客支付得起或愿意支付的。因此，一般收费不能太高，最好免费，或者由第三方承担费用。这也是互联网经济的在商业模式上的创新之处。

第三节 智慧旅游的功能与价值

一、主体功能

（一）社会功能

1. 资源整合

智慧旅游的发展建设，不是单一资源的利用，而是各类资源的有机整合，其在发展过程中，也会对社会资源进行整合。智慧旅游是一个庞大的系统，其中涵盖了较多的资源要素。就旅游企业而言，包括技术资源、市场资源、人力资源等；就公共供给而言，主要有土地资源、媒体资源、信息资源等。对各类资源进行优化整合，促进资源的充分利用，从而实现智慧旅游功能的集成，这是智慧旅游社会功能的主要体现。

2. 公共服务

如果说旅游企业开展智慧旅游经营管理活动是出于自身利益最大化的考虑，那么政府构建智慧旅游体系的出发点则是提供公共服务。智慧旅游的建立，能够为公众提供各类服务，如城市交通导引系统、安全事故预警系统等。这些信息与其说是为旅游者提供的，不如说是为社会公众提供的，因为这种服务已经不单纯是旅游者所需要的，而是社会公众都需要获得的。为社会公众提供服务，一方面是发展旅游的需要，另一方面也是构建服务型政府的重要体现。

3. 应急救援

在旅游过程中，抑或发生公共危机时，为公众提供救援是智慧旅游的功能体现。首先，在危机发生后，处于危机中的人能够通过智能终端设备，将自身所处的危急情况发布出来，让人们了解，这体现的是智慧旅游的信息接收功能；在接收信息后，通过广阔的网络覆盖，及时地将这些信息传播给有关部门，从而迅速采取行动，及时化解危机，这体现的是智慧旅游的联动功能；同时，在危机情况出现时，通过智慧旅游体系，及时地将相关信息扩散给最广大的社会公众，这体现的是智慧旅游的扩散功能。因此，通过接收、联动和扩散，实现智慧旅游的应急救援功能。最重要的是，通过畅通的智慧旅游系统，能够及时地传递旅游信息，可以起到事故防范、安全预警等作用，从而减少事故的发生。对智能旅游灾害预警与灾害救助平台的构建与应用进行研究，认为智能旅游系统及其灾害预警与灾害救助平台，能即时发布旅游气象灾害、地质灾害等方面的信息，对旅游防灾意识宣传、旅游灾害监测、旅游灾害预防与提醒以及旅游灾害救助都具有十分重要的意义。

4.社会治理

智慧旅游实现其社会治理的功能，主要体现在其惩恶扬善的公开性。智慧旅游是一个信息发布的渠道，更是信息共享的载体，人们通过智慧旅游体系获得信息，主管部门通过法治和德治的方法，利用智慧旅游系统，将社会中的尤其是旅游活动和旅游经营中的优良和不良现象公之于众，使人们明确社会主义道德观和法律观，从而自觉规范自身行为，有利于促进社会管理。

（二）经济功能

就经济发展形式而言，智慧旅游的发展将推动旅游市场由线下向线下线上相结合转化。传统的线下经营模式中，个人或组织想进行旅游消费，需前往旅行社、旅游酒店或旅游目的地现场进行购买。在购买之前，旅游者不能充分获得旅游消费的相关信息，因而市场运行不够透明；同时，人们到消费场所进行现场购买，在购买时获得相应的信息，于是做出消费决策，这种消费决策通常并不能达到最优。人们花费较多的时间、精力和金钱来进行旅游消费，结果却消费不畅且极不便捷，这在某种程度上抑制了旅游需求。

因为在获取信息或者购买困难的情况下，人们可以不进行旅游消费或以其他的消费方式予以替代。智慧旅游的出现，推动了旅游信息化的发展，使得线上旅游业务和旅游电子商务的发展进一步地大众化和平民化，人们易于获取准确全面的旅游信息，同时又便于进行网上支付，消费的便利化使得旅游近在身边。线上与线下的融合发展，将推动旅游业发展进步。

就经济发展效益而言，智慧旅游的发展能够产生明显的经济效益。从短期来看，智慧旅游发展中投资的增加使得政府和企业的成本增加，然而从长远发展来看，这种短期追加的固定资本将会转化为长期收益，并且这种短期投入的固定资本远比长期发展中各类成本的总和要小得多。例如，智慧旅游的发展需要相应的设施、技术和人才，而智慧旅游系统的建立，使得组织和企业能够获得竞争优势，并且智慧旅游系统一旦建设完成，能够保持长期的运营。就实体企业而言，在日常的经营运作中，各种固定成本和可变成本之和，要远多于在智慧旅游中的投资；同时，作为一种新的经营管理方式，通过智慧旅游系统，旅游目的地或旅游企业能够直接与旅游者进行沟通和交互，从而有利于建立良好的形象，维持顾客关系，实现顾客忠诚，从而创造经济效益。

（三）文化功能

作为公众生活的一部分，智慧旅游的存在与发展伴随着人类社会的发展而不断演化和前进，其在人机交互的过程中，将推动社会文化的发展。

1.物质文化

在智慧旅游中，智能设备、智慧旅游设施是人们直接接触的物质载体，这是一种科技文化，且被应用在旅游发展中。科技与旅游相结合，形成具有旅游行业特色的科技实物，承载着智慧旅游中的物质文化。例如旅游咨询中心的特色建筑、特色设备，具有提示意义的实物，都承载着一种可以触摸的实体文化。

2.制度文化

不同于政府和企业中存在着明确的制度，智慧旅游本身不存在什么制度，不像企事业单位中工作人员的行为受到约束，智慧旅游所倡导的制度文化是一种制度文化认同。人们在日常的生活中，通过智慧旅游系统，经由智能设备和终端设施，可以主动地了解相应的法律法规、道德规范和行为准则等；在了解、学习和掌握的基础上，人们自觉遵守、自觉践行、合理运用，在遇到问题时，运用法律和相关制度予以解决，从而形成法治和德治相结合，人们自觉遵循守法。

3. 行为文化

智慧旅游推动人们行为文化的发展变迁，例如消费方式由线下转到线上，信息获取方式由交易过程中获取转变为交易前获取，支付方式由购买时支付转变为购买前或购买后支付，支付渠道由现场支付转变为网上支付。在人的行为方式方面，传统的随团旅游向自助旅游转变；对景区景点的讲解，由导游讲解转变为智能设备讲解。旅游者的行为方式随着技术和经济的发展而不断改变，而智慧旅游的发展则直接加快了这种行为文化转变的速度。

4. 精神文化

精神文化是文化的核心，智慧旅游作为一种现代生活方式，本身并不能改变人类精神文化，也不能强化精神文化，但其在间接产生精神文化过程中的作用不可小觑。智慧旅游通过推动旅游的发展促进精神文化功能的形成。智慧旅游促进人类旅游方式的转变，从而有更多的人参加旅游，在旅游的过程中，人们的思想意识得到端正，自身素质得到提升。例如，通过游览祖国的大好河山，增加了自己的爱国热情；通过参加生态旅游活动，增强了自己的环保意识。这种潜移默化的作用，正是智慧旅游文化功能的体现。

（四）科技功能

1. 推动现有技术的普及应用

智慧旅游的发展，需要依托两类技术的发展。

（1）信息科技核心技术的发展

云计算、移动通信技术、全球定位系统等技术的发展使得相关的数据和功能得以生成，智慧旅游的建立将会推进技术在旅游行业内的普及应用，旅游业的应用将会形成示范效应，从而引起其他行业的同时跟进，因而智慧旅游的应用将能推动核心技术的普及应用。

（2）设备终端技术的发展

核心技术的应用最终应当使人们的生活更便捷，因而越来越多的人通过智能终端来接收智慧旅游的相关信息，进而促进行业发展。

2. 加速新技术的研发

随着社会的发展和需求呈现的多样化趋势，智慧旅游不断发展，一些新的功能和需求需要满足，因而对智慧旅游中技术的水平也提出了更高的要求。在市场规律的运作下，企业便会投入更多的资本来进行新技术的研发。

（五）环境功能

1. 提高生产效率，节约社会成本

智慧旅游的发展，将会节约社会成本，促进旅游企事业单位无纸化办公的实现。传统的企业运作是一种高碳式的运行，消耗大量的人力、物力和财力，且效果一般。智慧旅游的建立，将会使得许多人力和物力从工作中解脱出来，减少资源的消耗；在资源有限的情况下，减少消耗就是一种对环境的保护。同时，智慧旅游的发展与我国建设资源节约型和环境友好型社会的发展战略是相一致的。

2. 提升公众素质，强化环保意识

人们在旅游过程中，通过与不同人群的交流，与不同文化的融合，逐步提高自身素质；与此同时，其自身的环保意识也得以增强。如在生态旅游景区，优美的自然环境和良好的社会环境可以增强人们环境保护的自觉性，这也是环境功能的体现。

3. 提速智能步伐，避免环境破坏

智慧旅游的发展不能仅仅限于企事业单位的应用，不能仅仅应用于市场，也不能仅仅侧重于服务，还应逐步地完善其功能，比如环境监测和环境治理等。例如，在旅游开发的过程中，引入智慧旅游设备，对拟开发地区的生态环境予以跟踪监测，及时获取环境相关数据，了解环境情况，从而指导旅游开发，避免旅游发展中对环境的破坏。

二、行业价值

发展智慧旅游对旅游业意义重大，无论是旅游者、旅游企业，还是旅游主管部门，智慧旅游都具有非常深远的意义。智慧旅游将在优化旅游者行为模式、旅游企业经营方式和旅游行业管理模式上，推动旅游行业发展。

（一）旅游者

旅游开始之前，人们可以通过智慧旅游设备设施查询相关信息。人们可以在旅游前或旅途中，通过网络等途径，获得旅游目的地的相关信息，这些信息包括旅游资源、市场信息、旅游服务质量和类别等。这些旅游信息为旅游者提供出游决策。通过智慧旅游体系，人们可以获得更为完备的信息，因而能够货比三家，在信息透明的情况下，人们可以个性化地安排自己的旅游行程。在旅游目的地，旅游者不必拘泥于以往的团队式旅游（行程固定，灵活性较差），可以通过选择，自己来安排旅游行程。对旅游者而言，这种旅游活动完全是依照自己的意愿定制的，因而更具有自主性，这可以提高人们对旅游活动的认可和满意度。在获取足够充分的信息后，人们可以进行预订。传统的营销和预订较为麻烦，而通过网上预订，信息较为透明，支付比较方便。旅游者来到旅游目的地后，可以直接开展旅游活动，避免了排队购票、查阅信息等时间的浪费，各种信息成竹在胸，可以尽情享受自己的个性化旅游。同时，智慧旅游系统及时地发布目的地、酒店、景区等相关信息，人们可以根据自己的需要选择性地开展旅游活动，也可以避免景区的"拥堵"现象，实现人流疏导。在旅游过程中，智慧旅游可以实现4个功能：导航、导游、导览和导购。

1. 导航

导航是将位置服务嵌入旅游信息中，借助如全球定位系统导航、基站定位、无线网络定位、无线射频识别技术定位和地标定位等技术，实现智能终端设备与网络和位置服务进行连接，旅游者可以通过智能终端设备为自己随时随地进行定位。基于此，在旅游过程中，旅游者可以随时获得自身位置信息，引导自身行为，从而有利于缓解旅游者在异地开展旅游活动时的陌生感和紧张的心理；通过位置服务，旅游者能够获得相关的路线图、距离、时间等信息，从而为自我行程提供建议。

2. 导游

旅游者来到旅游目的地后，其旅游活动不仅仅限于旅游景区，同时还会参加一些其他的活动，比如观看演出、逛街等，因此需要了解自身周边有哪些酒店、景区、旅行社、银行、邮局等信息。智慧旅游能够精确地为旅游者提供这些信息，从而便于旅游者做出决策，即智慧旅游不仅仅限于旅游活动，凡是与旅游相关的活动都应当成为智慧旅游发展的重要内容。

3. 导览

旅游者到达旅游目的地进行旅游活动，在某一个旅游景点，需要了解的相关资料，例如景点的内容，即导游在旅游活动中所讲解的内容，可以通过智能设备便捷地获得，从而实现设备导游而非现实中的人员导游。

4. 导购

旅游消费的过程中，智慧旅游应当提供充分的信息，供旅游者进行选择。例如，旅游者在选择酒店时，需要知道酒店的星级、顾客评价、发展历史、价格、优惠政策等，这些信息应当与在实体酒店中所了解到的是同等的，从而保证消费者的知情权，进而使得交易能够正常进行。

导航、导游、导览、导购的功能集成，能够真正实现旅游者在旅游过程中的自主化。在旅游结束后，旅游者一般会进行信息反馈。就反馈信息的内容而言，可分为两个方面。

第一，旅游心得分享。旅游者会分享旅途中所遇到的新奇事件、获得的满意服务和看到的奇特景观。其分享的是一种愉快的超乎寻常的体验，因而能够将正面信息传递给他人，使得旅游要素的品牌和形象得以强化，从而使旅游目的地吸引到更多的游客。

第二，对旅游中存在的一些不满也会向公众传播，这种传播将使更多的人得以知晓，旅游要素的形象也得以广而告之。

旅游者的分享实际上是一把双刃剑，把其中的满意因素公之于众，把其中的不满加以曝光。这在无形中会促使旅游企业提高服务质量，规范自身行为，由此逐步提升自身品牌形象，从而扩大知名度，提高美誉度。同时，反馈的信息也可能是一些投诉建议，智慧旅游作为一种系统、平台和渠道，既为旅游管理提供便利，也为旅游者权利保障提供法律和技术支撑。旅游主管部门应当充分利用智慧旅游的功能价值，解决旅游中的主体问题，从而优化智慧旅游的发展环境。

（二）旅游企业

1. 提供产品

智慧旅游丰富了产品的形态。传统的旅游产品过于单一，其主要局限于一般的旅游线路产品，如观光旅游产品、度假旅游产品、旅游景区和旅游酒店等内容。这些产品基本上处于旅游的初级阶段，只能满足基本的需求，产品的形态不够丰富，人们的个性化需求不能得到有效满足；同时，在经营管理的过程中，出于成本利润的考虑，个性化和定制化的旅游产品并不多。智慧旅游的出现、高科技的应用，使得旅游景区、旅行社等对旅游产品的开发力度加大，产品形态逐渐丰富，人们借助智慧旅游，更能使自身的需求得以满足，因而在一定程度上促进旅游产品的多向发展。同时，智慧旅游也拓宽了旅游的销售渠道，传统的营销和促销被逐渐地放大。智慧旅游将旅游产品搬到线上进行销售，旅游者更易获得。微博、微电影、空间等的出现，智能设备的广泛应用，使得人们接触的新媒体增多，而在新媒体上进行旅游产品的销售并引入智慧旅游，可以极大地拓宽产品的销售渠道。

2. 展示形象

智慧旅游拉近旅游企业与旅游者之间的距离，也为旅游企业展示形象提供了更好的平台。智慧旅游的运用，智能终端的使用，使得旅游信息的发布更为快速和频繁。旅游企业可以通过产品来展示自身的形象，产品的多样化、个性化、人性化、标准化、人文化、科技化等成为旅游企业展示自身的一个重要途径。通过了解产品，人们可以了解旅游企业的经营方向和发展理念，形成对旅游企业的良好印象。旅游企业可以通过企业自身展示形象。

自觉履行社会责任的企业将会赢得政府和社会的青睐。政府在推动智慧旅游发展过程中对其宣传，展示企业的优质产品、企业文化、经营理念等，通过正面宣传强化其在公众心目中的良好形象，既能在行业中起到模范与示范作用，又能进行免费宣传。旅游企业也可以通过旅游者展示形象。旅游企业为旅游者提供优质的产品和服务，得到旅游者的赞赏，旅游者在游览后会将旅游中的感受分享给他人，通过滚雪球效应不断强化企业在人们心目中的美好形象。

3. 节约成本

臃肿的组织结构使得企业在经营的过程中成本增加，运行起来举步维艰，然而智慧旅游的应用能为企业节约成本。首先，旅游企业能通过网络获得旅游者的信息和需求，进而根据需求制定产品、价格、促销和渠道策略，从而避免以往进行市场调查持续时间长、耗费人力多、成本开支大的弊端；同时，在产品销售的过程中，通过网络进行智能化销售，运用机器设备实现销售水平的提高，从而节省人力资本。在信息的保存上，将企业信息进行云存储，随时更新随时应用，由机器进行管理，易于保存，不易损坏，取用方便。既节省人力物力，又避免资源的浪费，同时还能实现企业的低碳化运营。发展智慧旅游还能降低资金成本。以往采购物质资源，交通等费用是企业一项不小的开支，并且这种开支的发生频率高，而智慧旅游的应用，将实现企业的虚拟化采购，从而极大地节约成本。

4.优化企业管理

企业在管理过程中需要依托较多的技术和设施设备，传统管理中的较多方法和实践是粗放型的，管理起来困难而庞杂。比较明显的例子是信息调用困难，如客户信息的管理、财务状况的记录，这些信息和资料通常以笔记的形式记录，储存量较大，修改、保存、查找和取用困难，为了调用一项信息或数据会花费较长时间，并且时常容易出错。智慧旅游建设运用云计算等技术，实现企业数据集中管理，将存储和计算等网络化、系统化、实时化、智能化，实现数据和信息应用的便捷化。这样既提高了企业的信息化水平，又提高了其经营运作效率，还推动了企业的标准化建设。

5.转型升级

智慧旅游的发展建设将促进旅游业的转型升级。

第一，旅游市场由线下转变为线上线下相结合，智能设备与移动互联网的无缝对接，使得人们更便捷地利用智能设备，实现旅游产品的网上购买。

第二，旅游产品的优化升级。传统的旅游产品只能满足旅游者的基本需求，然而随着智慧旅游的应用，旅游产品会向着科技化、人文化、个性化的方向发展，使得旅游产品更具文化内涵。智慧旅游的发展将调整产业结构、优化旅游方式，从而促进旅游业的转型升级。

（三）旅游主管部门

旅游主管部门进行智慧旅游建设，主要体现在两个方面：第一是内部体系的建设，如智慧办公体系。第二是外部体系的建立，如智慧旅游公共服务体系的构建等。无论是外部还是内部智慧体系的建设，无非要达到两个目的。

1.实现智慧政务处理

旅游业发展涉及较多行业和要素，在发展的过程中政府管理部门有烦琐的工作需要处理，旅游行政管理部门在业务处理的过程中同样存在着提高效率等现实诉求。智慧政务的建设，能够使得相关的管理和服务工作随时随地进行，不仅节省人力、物力和财力，还有利于提高办事效率。

2.外在形式的公共服务体系的建设

这是创建服务型政府的体现。通过智慧旅游体系，及时将相关的政策、法律和规范等公之于众，使人们了解相应的法律法规，因而能够使得行业运作更加透明；同时，及时地将旅游行业信息予以公布，使得旅游者和旅游企业自觉规范自身行为，能够有效促进行业自我管理。因此，旅游主管部门推动智慧旅游发展建设的着眼点和落脚点是推动行业发展、助力行业监管和提供公共服务。具体来说，智慧旅游的发展将从以下方面促进旅游行业管理。

（1）行业统计

通过位置服务和网络服务获得旅游相关的各类信息，对旅游者的行为特征进行分析。例如，对某一类型的旅游景区，其旅游者的共同特征是什么，该类旅游活动表现出什么样的发展趋势等。

（2）需求采集

市场交易主体能够进行动态的双向的信息交流。通常情况下，需求决定供给，旅游者将其对产品的需求通过智慧旅游体系反馈给管理者，管理者据此引导旅游市场的发展，进而有针对性地提供产品和服务。

（3）预警预报

旅游市场具有敏感性和脆弱性，容易受到各类因素的影响，智慧旅游的建立，能够及时地反映市场动态，便于旅游管理部门见微知著，从而及时采取措施，引导行业的健康发展。此外，在旅游活动中，遇到突发事件、出现险情时，可以通过智慧旅游体系获得救助，全面高效的救助体系能够在第一时间作出反应，从而及时解决危机。同时，旅游主管部门可以通过智慧旅游体系，发布潜在的危险信息，旅游者经由智能终端设备获得这些信息，从而及时地采取预防措施，减少不必要的损失。

（4）监督管理

旅游者和社会大众在透明的信息网络下，在便捷的智慧旅游体系下，可以及时地将旅游过程中的不良行为公之于众。大众的监督管理可以督促旅游企业约束自身行为，从而促进旅游企业的规范化运营。

（5）投诉处理

旅游业在发展中经常存在着各类的投诉事件。旅游者在旅游中处于劣势地位，较多的旅游者在权利受到侵害后，没有采取相应的措施加以维护，为了保证旅途的顺利进行而选择忍气吞声。智慧旅游的出现，使得投诉更为便捷，投诉的处理能力也得以增强。因而智慧旅游的建立将会极大地提升旅游投诉处理效能。

（6）科学决策

智慧旅游的"智慧"能够生成优秀的决策方案，进而促进旅游主管部门作出科学决策，促进旅游业的持续健康发展。

（四）旅游业创新发展

1.为不同主体进行智慧旅游发展建设提供理论支撑与实践指导

当前，智慧旅游建设主体主要有政府和企业，政府主要从公共服务视角建设智慧旅游目的地，在顶层设计中明确规范作出指导；企业则主要围绕自身发展需求，有针对性地发展建设智慧旅游项目。统筹政府和企业两方需求，明确各自的任务和职责，能够理顺智慧旅游发展建设的逻辑思路，在此基础上为政府和企业进行智慧旅游发展建设提供理论依据和实践借鉴。

2.为智慧旅游发展建设对象提供切实可行的对策建议

从旅游要素或旅游目的地来看，智慧旅游发展建设的对象主要包括智慧景区、智慧酒店、智慧旅行社、智慧旅游目的地等，其中尤以智慧景区和智慧旅游目的地的建设较为普遍。在发展实践中，不同景区进行智慧旅游发展建设的思路、过程、项目、路径并不相同，分析并明确不同要素或旅游目的地进行智慧旅游建设的逻辑思路和体系框架，能够在既定条件下发挥智慧旅游的最大效力。

从智慧旅游功能要素和框架体系来看，当前智慧旅游发展建设主要集中于微信、二维码、网络覆盖、旅游网站、综合数据库、线上商务平台、智能监控系统、智能门禁系统、安全预警系统、自动化办公体系、客房多媒体系统等内容。同时，依据建设难易程度、成本投入大小、应用轻重缓急等实际情况，智慧旅游建设往往是不成体系的，甚至是碎片化的。将这些零散的建设思路整理成现实可行且能持续发展的路径和发展步骤，能够从长远上保障智慧旅游发展建设的内容、体系、规模、步骤，最终推动智慧旅游发展建设整体水平的提升。

3.为智慧旅游发展建设的路径选择提供现实依据

作为旅游业发展的重要推动力量，政府和企业看到了智慧旅游的功能作用及隐藏在背后的商业价值，于是许多地区开启智慧旅游发展建设。殊不知智慧旅游发展建设不可一蹴而就，而是一个庞大、系统的工程，在建设中需要投入巨大的人力、物力和财力。在经济社会发达、旅游市场旺盛的区域，发展智慧旅游或许能够解决旅游业发展的许多问题，同时对建设主体本身也不会造成负面影响，因此智慧旅游建设无可厚非。但是，在一些经济水平较低、地方财政困难、旅游条件不优越、智慧旅游功能暂时不能有效发挥的区域，投入大量资金开展智慧旅游建设，一时会收效甚微，甚至会影响当地经济社会的发展，在此情况下，智慧旅游发展建设就需仔细斟酌了。因此，各地区、各主体应当结合自身实际，选择与之相适应的智慧旅游发展路径，如通过分期建设，明确智慧旅游功能需求的轻重缓急，有规划、有重点、有策略地发展建设，将能持续推动智慧旅游健康发展并充分发挥智慧旅游的优势。

4. 为新常态下智慧旅游发展建设提供新思路

当前，中国旅游业面临转型升级的新常态，包括大数据、产业融合、技术应用、在线交易、区域一体化等，智慧旅游的发展建设应当结合新常态、顺应新形势，在新常态下集聚新理念、新功能，进而丰富完善智慧旅游功能要素和体系架构，促进智慧旅游在动态变化的社会环境和市场环境之中稳步发展。

智慧旅游的发展建设，在旅游者、旅游企业和旅游行政管理等三个方面有着共同的但有区别的内容和需求，但最终都能通过智慧旅游的发展建设，推动中国旅游业的优化升级。智慧旅游的发展建设，需要旅游业产学研界的共同发力，只有进行整体建设和联动发展，才能实现智慧旅游体系的全面构建。

三、社会价值

（一）智慧旅游服务社会的优势

1. 政策优势

中华人民共和国文化和旅游部明确旅游信息化的重要作用，提倡运用现代信息技术提升旅游业的战略地位和发展水平，从政策层面上，政府的支持能够促进智慧旅游的发展；同时，智慧旅游也能实现必要的社会功能。国家从政策角度出发，一方面要提升旅游业的整体发展水平，另一方面则要提升其社会服务能力，因而智慧旅游服务社会具有政策上的优势。

2.资源优势

旅游是一个复杂的综合体,涉及不同的行业,其发展有赖于资源的富集。单一行业,如景区、旅行社等资源有限,在服务社会方面能力不足,并且不易与其他行业产生联动。旅游业则是一个综合性的行业,其发展涉及交通、餐饮、住宿、卫生、工商、公安等部门,只有具备了相关的信息和资源,旅游业才能健康发展。智慧旅游体系对这些部门的信息和资源进行整合,其具备的优势资源是服务公众的主要内容。

3.技术优势

旅游业原本是一个社会性和文化性较强的行业,当今旅游业的发展主要是从经济学的角度展开,然而随着智慧旅游的发展,必然要实现现代科学技术在旅游业的应用,将原本应用于社会服务的技术如遥感技术、互联网技术、云计算技术和移动通信技术等应用到旅游行业中,使得旅游业发展拥有了各种现代技术。科学技术和行业发展的需要,使得相关技术的研发和应用增多,因而引发了新技术的产生和发展。旅游行业具备较高的技术水平,其在服务社会的过程中,自然就更加具备了技术优势,将旅游行业技术运用到社会中,或者通过在旅游业中运用现代技术,为社会发展服务,这本身就是智慧旅游服务社会的技术优势。

4.传播优势

旅游活动的多样性决定了旅游行业的综合性,旅游业对信息的整合与传播具有较高的要求。大众旅游的到来,自助游的兴起,使得人们对信息获取的需求增加,智慧旅游体系能够高效便捷地满足人们的信息需求,其对信息传播具有较高的要求。各类信息在相互差别的行业、受众和环境中进行传播,使得智慧旅游必须具备完备的信息传播渠道。智慧旅游在服务社会的过程中,可以充分利用其完备的信息体系架构,实现信息的高效传播。及时高效的信息传播体系能方便人们的生活,从而实现智慧旅游服务社会的功能。

5.生态优势

智慧旅游服务社会主要在以下方面体现其生态优势:从经济发展的角度,旅游业是无烟工业,是现代服务业的范畴,其发展能够促进经济水平的提升;从文化传承的角度,旅游发展能够促进社会先进文化的保护和传承;从生态保护的角度,旅游发展是文明发展,能够促进生态环境的保护。智慧旅游从建设到运营，整个过程体现着生态优势：就建设而言，基础设施和智能设备的建设和使用，能够有效地避免房屋、土地和空间等资源的浪费，减少其对生态环境的破坏；就运作而言，智慧旅游体系在建成后能够多次重复利用，通过运用现代技术，使得原本复杂困难的人力劳动由机器完成，从而减少行业运作中人、财、物的浪费，进而节约社会成本，实现低碳化发展，其符合资源节约型和环境友好型社会的发展战略。将智慧旅游的生态优势加以运用，能够实现社会服务的可持续发展。

正是由于智慧旅游在社会服务方面，同其他要素相比具有政策优势、技术优势、传播优势和生态优势，所以智慧旅游发展迎合了当代社会发展的主旋律，因而得到各地的认可，从而实现了其快速发展。

（二）智慧旅游服务社会的路径

1.智慧旅游服务社会的结构模型

智慧旅游服务社会从服务旅游行业开始，由于旅游活动具有综合性，旅游者在信息咨询、交通导航和水电需求等方面与居民日常生活具有较大的相似性，居民能够经由智慧旅游设施设备，获得信息咨询、交通导航等相关服务。同时，行政管理部门能够通过智慧旅游体系实现社会管理。因此，智慧旅游体系具备了服务行业发展、社会管理和公众生活这三方面服务职能。随着信息技术发展和社会文明进步，智慧旅游体系将进一步融入社会生活，为社会提供服务。

2.智慧旅游服务社会的路径选择

（1）加强政策引导，促进规范发展

第一，由政府制定智慧旅游体系发展的战略方针，以法的形式规范智慧旅游的发展，避免盲目建设和雷同开发。

第二，对智慧旅游体系建设中的重大项目，政府从人才资源、金融信贷和部门协调等方面给予支持；再次，旅游发展，规划先行，在智慧旅游建设前，制订科学的规划，按照规划思路，科学有序地推进智慧旅游建设。

第三，对智慧旅游建设项目进行实时跟踪、监测和评估，动态调整智慧旅游的发展进度，对其中产生的偏差予以纠正，使智慧旅游适应经济社会和技术环境的改变。

（2）加快技术研发，落实行业应用

就技术的研发而言，主要包括三层：社会层、行业层和要素层。社会层是指整个社会大环境中的现代技术，如云计算、遥感技术和移动通信技术等，其在社会中的广泛应用是智慧旅游发展的技术基础；行业层是指旅游行业中的现代技术，如虚拟旅游、旅游软件等，其为智慧旅游发展的中坚技术；要素层则是在旅游行业具体要素范围内的技术，如电子票务系统、数码客房服务系统等，其为智慧旅游的核心要件。无论何种技术层面，只有加强研发并运用到发展实践中，才能提升智慧旅游服务社会的能力。

（3）加强资源整合，提供信息基础

资源整合的程度，可以分为横向的拓展和纵向的延伸：在横向上，由旅游行业向相关行业再到周边行业逐步拓展，拓宽智慧旅游服务社会的范围；在纵向上，将特定服务不断挖掘、深化，提升智慧旅游服务的水平和质量。横向和纵向的充分整合，实现信息资源的存储、运算和传播。同时，依托智慧旅游设施设备和个人移动终端，实现智慧旅游服务社会的泛在化。

（4）加大投入力度，注重能力建设

智慧旅游建设是一个系统的工程，需要巨大的人力、财力和物力投入，较少的投入只能集中于某点或某种能力的建设，远不能实现智慧旅游的总体目标；只有加大投入力度，注重智慧旅游服务社会的能力建设，才能实现投入产出的最大化。当然，加大投入力度的同时应当遵循以下原则：①把握全局，突出重点，对智慧旅游的核心能力进行建设。②明确思路，循序渐进。智慧旅游的建设不是一蹴而就的，而是一个逐渐丰富和完善的过程，只有循序渐进，才能稳步发展。③综合考虑，量力而行。不同区域经济、社会、文化和环境各不相同，在发展智慧旅游时应当综合考虑区域现状，根据当地需求制定发展战略。

（5）加紧功能转换，实现转型升级

在发展初期，智慧旅游主要服务于旅游行业，随着技术的进步、应用的普及、功能的增强，智慧旅游将逐渐由服务旅游转变为服务社会，其主要表现如下：服务对象的扩大，由服务旅游者、旅游企业和旅游管理部门向服务社会大众转变；服务范围的拓展，由智慧酒店、智慧餐饮、智慧交通等逐步扩展到智慧社区、智慧教育、智慧医疗等；服务功能的完善，由旅游功能逐步向休闲功能、信息功能、文化功能和传播功能等体化转变。智慧旅游体系功能的转换，将会实现其服务对象、范围和内容的转型升级。

智慧旅游不仅是现代科学技术在旅游业的具体应用，同时也是一种专业能力。这种能力首先体现在服务旅游行业发展上，通过智慧旅游，转变旅游业发展方式，提升发展质量。由于旅游业具有综合性，智慧旅游在发展的同时，必然向服务社会转变，并且随着技术的更新、社会的进步和经济的发展，智慧旅游服务社会的能力将会进一步得到加强和体现。当前，智慧旅游发展主要服务于旅游业，但其仍然具有服务社会的功能和路径；只有加强政策引导，加快技术研发，加深资源整合，加大投入力度，加紧功能转化，才能使得智慧旅游既能促进旅游业发展，又能服务于社会进步，在实现旅游业可持续发展的同时，实现智慧旅游社会效益的最大化。

四、智慧旅游整体架构方法设计

（一）复杂系统的传统设计方法

1. 系统理论

智慧旅游系统无疑是一个复杂系统，关于复杂系统设计方法方面的理论有整体论、还原论和复杂系统理论。如何设计实现一个开放的复杂巨系统呢？一般有两种常用的方法：整体论方法和还原方法。

系统理论中的整体属性是整体论的依据。从系统整体性原则考察复杂系统的理论，类似统一规划、顶层设计等都属于整体论方法。整体论方法优缺点明显，其优点是从整体上把握事物，能够抽象出一些基本原则，把握系统的共性要素，如框架和标准；其缺点是一旦涉及具体业务需求和需求变化等方面，整体论方法往往变得无能为力。

还原论主张把高级运动还原为低级运动形式。它认为现实生活中的每一种现象都可以看成或者细分为更低级、更基本的现象的集合体或组成物，因而可以用低级运动形式的规律代替高级运动形式的规律。现实中的政务电子化就是还原论的典型代表，例如把现实生活中某个具体业务从手工转换成信息化系统。还原论的优点是简单易操作；缺点是系统与系统之间的关联少，系统的整体目标很难实现。

复杂适应系统（CAS）理论方法，也称复杂性科学（Complexity Science），是20世纪末兴起的前沿科学阵地。复杂适应系统具有不确定性、不可预测性、非线性等特点，它能否实现复杂巨系统呢？所谓复杂适应系统，是指由大量的按一定规则或模式进行非线性相互作用的行为主体所组成的动态系统。CAS理论的核心概念——适应性主体或行为主体，复杂系统中的成员被称为"有适应性的主体"。所谓具有适应性，是指它能够与环境以及其他主体进行交互作用。在CAS中，任何特定的适应性主体所处环境的主要部分，都由其他适应性主体组成，所以任何主体在适应上所做的努力，就是要去适应别的适应性主体。因此，主体与主体之间的相互作用、相互适应成为CAS生成复杂动态模式的主要根源。复杂适应系统理论的核心是适应产生复杂性。主体在这种持续不断的交互作用的过程中，不断地"学习"或者"积累经验"，并且根据学习到的经验改变自身结构和行为方式。行为主体通过"学习"产生适应性生存和发展战略，促进复杂系统进行创造性演化。整个宏观系统的演变或进化，包括新层次的产生，分化和多样性的出现，新的、聚合而成的、更大的主体的出现等，都是在这个基础上逐步派生出来的。这是一种带有技术性体验色彩的理想模式。软件开发方法的发展经历了面向过程、面向对象和面向智能体（Agent）的现实方法。面向对象的实现方法是系统需要调用对象的方法，对象的功能才能发生作用，目前是一种比较成熟的系统实现方法；面向智能体的实现方法是目前正在发展的一种方法，基于自主软件实体的设计和开发应用。这种实体位于某个环境中，可以通过高层协议和语言的交互来灵活体现它的自治性、异构性和动态性特点。

2.耗散结构理论

耗散结构理论作为以揭示复杂系统中自组织运动规律的一门具有强烈方法论功能的学科，可以表达为一个远离平衡态的非线性的开放系统，通过不断地与外界交换物质能量，在系统内部某个参量的变化达到一定的阈值时，通过涨落，系统可能发生冲突即非平衡相变，由原来的混沌无序状态转变为一种在时间上、空间上或功能上的有序状态。这种在远离平衡的非线性区形成的新的、稳定的宏观有序结构，由于需要不断与外界交换物质或能量才能维持，因此称其为"耗散结构"。远离平衡态是指系统内可测的物理性质极不均匀的状态。在临界点处，非线性机制放大微涨落为巨涨落，使热力学分支失稳；在控制参数越过临界点时，非线性机制对涨落产生抑制作用，使系统稳定到新的耗散结构分支上。例如，人体就是耗散结构系统，人体是一个原理平衡的系统，它需要保持动态平衡才能存在，平衡就意味着生命的终止。人体各子系统之间、各层次之间存在复杂的联系和相互作用。人既要吃、喝、吸气，又要拉、撒、呼气，因而是一个开放系统。人体时刻都处在有序—无序—有序的转化过程中，机体走向封闭，系统的正熵就会增加，系统内部就会无序，就会生病或死亡。人体通过开放，引入负熵流，输出正熵流，增加代谢和免疫，使人体内部从无序到有序，人体进入一个远离平衡的状态，人体就会恢复健康。耗散结构理论可以深刻揭示人体的统一性及其与外界因素的统一性，为医学模式转变提供理论依据。耗散结构强调复杂系统通过引入强大的负熵流，促使系统从无序进入有序。系统的有效输入和输出，系统的代谢能力是关键。

3. 协同进化

协同进化（co-evolution）有时也称共同进化，最早是由 Ehrlich 和 Raven 在讨论植物和植食昆虫（蝴蝶）相互之间的进化影响时提出来的。但他们未给协同进化下定义，不同的研究者对其常常有不同的定义。

协同进化：两个相互作用的物种在进化过程中发展的相互适应的共同进化。一个物种由于另一物种影响而发生遗传进化的进化类型，例如一种植物由于食草昆虫所施加的压力而发生遗传变化，这种变化又导致昆虫发生遗传性变化。协同进化是生物与环境的交互关系，是一种协同关系；古生物学的物种是形态种，在一定程度上与交配群的概念是一致的。物种又是生态单位。隔离成种的理论与多地区成种并不矛盾。生态系与基因的协同作用表现在多方面，生态系的变动会影响基因，生物的相互作用也影响基因。地球表层是由多个圈层组成的，生物圈与其他各圈层有密切关系。对于协同进化，可以理解为一种进化机制，不同物种相互影响共同演化，这种进化机制对生物演化有重要意义；也可以理解为一种进化结果。

协同进化的研究内容极为广泛，包括竞争物种间的协同进化、捕食者与猎物系统的协同进化、寄生物与寄主系统的协同进化、拟态的协同进化和互相利用的协同进化等。从广义的概念来理解，协同进化指生物与生物、生物与环境之间在进化过程中的某种依存关系，可以从分子水平、细胞水平、个体水平、种群水平和生态系统水平上的协同进化进行研究。

在自然生态系统中，种群关系上的协同进化现象非常普遍。在长期的进化过程中，相互作用的种群间从单方面的依赖性发展为双方的依赖关系；种群间互为不可缺少的生存条件，在长期的进化过程中相互依赖、相互调节而协同进化。

协同进化理论对智慧旅游建设的理论意义巨大，有助于分析智慧旅游系统在内部与外部各要素之间协同作用。

（二）智慧旅游的架构设计理念

"顶层设计"原意是指为完成某一大型项目，必须实现理论一致、功能协调、结构统一、资源共享、标准统一。顶层设计是运用系统论的方法，从全局的角度，对某项任务或者某个项目的各方面、各层次、各要素统筹规划，以集中有效资源，高效、快捷地实现目标。顶层设计是介于规划和工程实施之间的设计，其理念和方法已经渗入各行各业、各个领域，特别是运用于信息系统和电子政务设计与建设中。顶层设计的主要特征：一是顶层决定性。顶层设计是自高端向低端展开的设计方法，核心理念与目标都源自顶层，因此顶层决定底层、高端决定低端。二是整体关联性。顶层设计强调设计对象内部要素之间围绕核心理念和顶层目标所形成的关联、匹配与有机衔接；三是实际可操作性。设计的基本要求是表述简洁明确，设计成果具备实践可行性，因此顶层设计成果应是可实施、可操作的。在智慧旅游建设方面，智慧旅游顶层设计是用系统论的方法，对智慧旅游建设的各个方面、各个层次、各种参与力量、各种正面的促进因素和负面的限制因素进行统筹考虑，理解和分析影响智慧旅游建设的各种关系，从全局的视角出发，对智慧旅游的基本问题进行总体的、全面的设计，确定长期的建设目标，制定实现目标的路径和战略战术，并建立智慧旅游建设发展的保障措施，将建设的风险降至最低。顶层设计关系旅游业全局，是方向性的举措。

国内应用最多的就是顶层设计理念。以南京市为例，推进南京智慧旅游如果没有一种整体性的顶层设计，不可避免会陷入各个部门各自为政、条条林立、信息孤岛的怪圈。通过南京城市信息化工程建设的实践，不难发现，不管是信息化建设还是构建智慧城市，一套科学合理、准确完整的顶层设计极为关键。不遗余力地提升南京城市旅游的功能和品质，是构建智慧旅游的出发点和落脚点。

政府应用体系是智慧旅游管理业务的集中体现，由于是由统一的后端支持体系进行支持，政府应用体系建立完善后，即可形成完整的智慧旅游中央管理平台。通过智慧旅游中央管理平台，旅游相关行政管理人员可将智慧旅游各子系统高层业务数据统一抽取，生成报表供实时查询；也可将各种指令与信息、完整地下达到各个应用系统末端。除了相关的行政管理人员，智慧南京的其他模块，以及其他的智慧城市也可通过中央管理平台，实现与南京智慧旅游的系统交互。

同时，南京市在建设智慧旅游总体架构时，提出了智慧旅游云数据库体系的标准建设，其遵循兼收并蓄整合统一的原则，实行规范标准，以促进云数据库的建设。

此外，在实践过程中，顶层设计理念还有另一种形式的体现：以后端体系为支撑，以网络和物联网技术覆盖智慧旅游架构方方面面，以智慧旅游中央管理平台为核心，链接前后端体系，通过前端服务系统体现智慧旅游的"智慧"所在。

第二章 智慧旅游技术建设

第一节 互联网技术

一、互联网

互联网又称网际网络，其中因特网是全球最大的互联网，它以一组通用的协定相连，形成逻辑上的单一的巨大的国际网络。它由大大小小不同拓扑结构的网络，通过成千上万个路由器及各种通信线路连接而成。

（一）互联网的体系结构

互联网使用分层的体系结构，有网络接口层、网际层、传输层和应用层。网络接口层位于整个网络体系结构底层，是面向通信子网的；网际层是整个网络体系结构的核心层，其功能是将各种各样的通信子网互联，其实现的协议是 IP 协议；传输层是主机到主机保证可靠传输报文的核心层，可使用 TCP 和 UDP 两种不同的协议；应用层位于整个网络体系结构最高层，面向用户提供各种服务。

（二）互联网地址

互联网上的数据能够正确传输到目标计算机，其中一个重要的原因是每一台连接到互联网的计算机都有唯一的网络地址。

1.IPv4 版地址

在 IPv4 系统中，一个 IP 地址由 32 位二进制数组成，为了便于书写和记忆，用"."将它分成 4 段，每段 8 位，并将每段 8 位二进制数转换为十进制数来表示。IP 地址每一段都在 0 ~ 255，如 192.168.1.1。

IP 地址可以视为网络标识号码与主机标识号码两部分，因此 IP 地址可分两部分组成，一部分为网络 ID，另一部分为主机 ID。同一个物理网络上的所有主机使用同一个网络 ID，网络上的一个主机（包括网络上的工作站、服务器和路由器等）有一个主机 ID 与其对应。

IP 地址分为 A、B、C、D、E 等 5 类，它们分别适用于大型网络、中型网络、小型网络、多目地址、备用，常用的是 B 和 C 两类。

2.IPv6 版地址

IPv6 地址为 128 位，由 64 位前缀和 64 位的接口标识组成，但通常写作 8 组，用"："分隔开，每组为 4 个十六进制数的形式。例如 FE80：0000：0000：0000：AAAA：0000：00C2：0002。IPv6 彻底解决了 IPv4 地址不足的问题，IPv6 协议在设计时，保留了 IPv4 协议的一些基本特征，使采用新老技术的各种网络系统在互联网上能够互联。

（三）域名

IP 地址是 Internet 主机作为路由寻址用的数字型标识，人不容易记忆。因此，互联网上设计了一种字符型的主机命名系统，也称域名系统。互联网的主机域名和 IP 地址具有同等地位，DNS 提供主机域名和 IP 地址之间的转换服务。

一个公司如果希望在网络上建立自己的主页，就必须取得一个域名。域名也是由若干部分组成，包括数字和字母。通过该地址，人们可以在网络上找到所需的详细资料。域名是上网单位和个人在网络上的重要标识，起着识别作用，便于他人识别和检索某一企业、组织或个人的信息资源，从而更好地实现网络上的资源共享。除了识别功能，在虚拟环境下，域名还可以起到引导、宣传、代表等作用。

域名由两个或两个以上的词构成，中间由点号分隔开，按从右到左的顺序，顶级域名在最右边，代表国家或地区以及机构种类，最左端是机器的主机名。域名可分为不同级别，包括顶级域名、二级域名、三级域名、注册域名。中国在国际互联网络信息中心正式注册并运行的顶级域名是 CN，这也是中国的一级域名。在顶级域名之下，中国的二级域名又分为 6 个类别域名和 34 个行政区域名。类别域名包括用于科研机构的 ac、用于工商金融企业的 com、用于教育机构的 edu、用于政府部门的 gov、用于互联网络信息中心和运行中心的 net、用于非营利组织的 org。

二、移动互联网及其智能终端

（一）移动互联网

移动互联网是互联网与移动通信各自独立发展后互相融合的产物。从技术层面的定义为以宽带 IP 为技术核心，可以同时提供语音、数据和多媒体业务的开放式基础电信网络；从终端的定义为用户使用手机、上网本、笔记本电脑、平板电脑、智能本等移动终端，通过移动网络获取移动通信网络服务和互联网服务。

移动互联网的核心是互联网，移动是与桌面互联网相对应的，移动互联网是基于桌面 PC 互联网的补充和延伸，具有实时性、隐私性、便携性、准确性、可定位的特点，这些特点决定了移动互联网与 PC 互联网的根本不同之处。移动互联网的特点可以概括为以下几点。

1. 便利性

移动互联网使得用户能够在移动的状态下使用互联网服务，具有移动特性的终端方便用户随身携带和随时使用。目前用户在面对大量的碎片化时间时，往往会选择使用移动互联网来满足自身娱乐等需求。据调查，现代很多人已经养成了一有空闲便使用手机上网的习惯，他们利用手机上网的时间远远长于利用个人电脑上网的时间。

2. 隐私性

手机是每个人的随身物品，具有极强的个人属性，因此手机用户的隐私性高于个人电脑用户，当用户使用移动互联网业务时，所访问的内容和服务会更加私密，如手机支付业务等。移动互联网终端应用在数据共享时对客户身份进行有效性认证，确保信息的安全性，这有别于传统互联网的公开透明特征。个人电脑的用户信息是可以被搜集的，而利用手机上网的用户信息是不会轻易被他人获取的。

3. 智能性

移动互联网设备不仅可以准确定位用户所处的地理位置，而且还能快速探测出周围声音及其他事物信息。现在还出现了比传统设备更为智能化的设备，可以感受到用户的触碰、周围环境的温度以及气味等。

4. 个性化

移动互联网的个性化主要表现在移动终端的个性化、移动网络的个性化以及内容与应用的个性化。

第一，移动终端与个人绑定，能呈现个性化极强的个人特征。

第二，移动网络能精确提取和反映用户的需求与行为信息。

第三，内容与应用的个性化主要是因为社会化网络服务、聚合内容以及 Widget 等技术将终端的个性化与网络的个性化有机结合在一起，以达到最大程度上的个性化。

（二）移动智能终端

移动智能终端，广义上指所有具备可重配置特性的终端；狭义上指具有智能操作系统、提供应用程序开发接口、能够安装并运行第三方应用的终端，包括移动智能终端（体小量轻的上网本、平板电脑、电子书阅读器等）、车载智能终端、智能电视、可穿戴设备等。人们利用移动智能终端设备，能够完成许多需要借助个人计算机完成的任务，包括数据采集、数据传输、浏览网页、收发邮件和即时信息、显示数字内容以及与企业内部系统进行数据交换等。

新型的移动智能终端正在兴起，各种智能终端迅速发展，智能手机逐渐代替了个人计算机和大型计算机，成为人们使用最多的上网终端。

目前，业界主流的智能终端操作系统有谷歌主导的 Android、苹果的 IOS、微软的 Windows 等，它们之间的应用软件互不兼容。主要操作系统大多都根植于 Linux 系统，但具体技术模式有所不同，封闭与开放、闭源与开源、运行效率和开发效率各有选择，各具优势。

三、基于网络的营销推广新技术

（一）社会化商务

社会化商务利用社交网络所具有的用户资源、关系资源和内容资源进行商品和服务的营销，通过建立多维交互式的信息沟通渠道收集用户信息，挖掘用户潜在购买需求，通过基于关系的精准推荐来提升用户对于商家和产品的信任度，最终促进交易的达成。

如今，越来越多的企业开始采用社会化商务来增强合作。社会化商务定义为一个以互联网为基础的商务应用，它利用微博、微信等社交网络平台、企业内部社会化工具以及其他支持社会互动与用户生成内容的 Web 2.0 技术等，来增强企业与员工、客户以及供应商之间的交流互动，使员工能够建立个体档案、建立群组，以及跟踪其他人的状态更新，最终帮助顾客在网上市场与社区中做出决策，以获取产品与服务。

社会化商务的目的在于加深企业内外群体之间的交互性，促进与提升信息共享、创新和决策。

（二）移动营销

移动互联网不会受到时间和空间的约束，消费者与企业可以随时进行信息交换，使得企业和消费者之间可以不受空间限制进行交易。移动营销能够实现即时、直接、交互沟通，通过移动渠道来规划和实施想法，对产品或服务进行定价、促销、流通。

移动营销是利用无线通信媒介作为传播内容进行沟通的主要渠道，并与传统互联网有机结合、使用移动终端和设备所进行的各类商务活动，它是联网营销的一部分。根据发生的对象，移动营销主要分为用户对用户、商家对商家、商家对消费者、消费者对消费者等几类。

（三）互动营销

每一次媒体形态的进步都会促进营销产业的发展，互联网带来的互动性媒体形态变化是营销产业实现跨越式发展的重要契机。互联网发展实现了发现精准客户的可能，在这种情况下，互动营销依托于新媒体和互联网技术应用而产生。互动营销的主要应用模式有微信营销、微博营销、App营销等多种形式。

四、基于互联网及移动互联网的旅游信息服务

（一）预订类

1.机票与酒店预订服务

旅游交通出行中的机票、火车票、汽车票等，基本上都可以通过PC或手机平台进行预订。当前，手机已经成为与互联网一样重要的机票预订与航空服务的销售渠道。通过这个渠道，很多航空公司可以直接销售其个性化服务，并可与携程、去哪儿等合作推出手机预订服务，游客甚至还可以使用手机完成值机，免去登机排队办理登机手续的烦琐过程。

国外星级连锁酒店和国内经济型连锁酒店都在推出手机各类应用预订房间服务，使得消费者可以随时随地预订当天的酒店房间。

由于地理位置对于酒店业的重要影响，智能手机上基于位置的移动应用具有巨大的潜力。如酒店管家、酒店达人等手机应用与国内多家经济型酒店建立了系统直联，旅客进行定位查询后，地图将呈现周边酒店的名称、位置和价格，同时以不同颜色标注房态，用户可以选择点击通话，直接通过酒店集团预订。

2. 手机租车服务

滴滴出行、神州租车、Uber、易到用车等是当前国内常用的租车 App。它们在消费者和租赁车企业以及驾驶员劳务公司搭起了交易的桥梁，能够提供实时和预约的个性化、高端商务出行需求信息，并通过统一服务标准、服务规范和完善的服务保障体系保证交易的成功率和满意度。

3. 景点门票预订服务

目前，景点门票预订服务通常使用二维码电子门票代替原有的纸质门票。二维码电子门票是将现代移动通信技术和二维码编码技术应用到传统的票务领域，将体育馆、剧院、影院、景点的名称、日期、场次、座位号、票价等信息生成一个二维码，通过各种媒介进行信息公示，手机用户结算后，通过网络下载或者以微信等方式直接发送到消费者的手机上，形成一张唯一的电子票凭据。游客凭手机上的电子票即可验票进入景区，具有环保、便捷、携带方便、防伪性高的特点，同时也为旅游企业免去了纸质票据的打印和配送成本。

（二）工具类

1. 旅游线路

作为整个旅游前期阶段，旅游信息的研究和行程的计划对于旅行者的最终购买决策起着决定性的作用。旅客可以通过 PC 端或智能手机等移动终端进入旅游行程设计平台应用，自主设定出行日期、出行人数、出行方式、游览的景点和住宿的酒店，旅游行程设计平台会自动计算时间，估算出费用，量身定做行程单，为游客合理安排线路提供参考。此外，游客还可以通过移动终端，随时根据自己的需要重新进行选择，以达到更好的旅游体验。

2. 智能导游

智能导游是指通过移动终端，如手机、Wad 等自动感知当前所在位置，实时获得相应景点的信息介绍及个性化服务等，让游客享受到自主和专业的导游服务。当游客进入某景点区域时，智能导游通过特定的技术自动感知当前所在位置，并将当前景点的各种文字介绍、图片、视频、音频以及附近位置提供的相关服务等信息自动推送到手机终端，游客可以随时进行查看，使整个旅行过程变得轻松有趣，从而提升旅游的品质。

当前，如成都武侯祠、杜甫草堂等景点已推出了具有智能导游功能的App，游客只需在移动终端下载安装景区App，即可在景区Wi-Fi覆盖范围内使用智能导游功能。

3. 旅游安全应急

旅游安全风险指妨碍游客信息、影响旅游业正常运转的、不可预见的事件和因素，如地震、火灾、意外事故等。当前，游客朝着散客化、个性化方向发展，出行的方式日趋多元化，选择自驾游、自由行等方式的游客越来越多。此外，登山旅游、邮轮旅游、深度旅游等旅游产品以及高风险旅游项目日渐兴盛，旅游安全风险不断增加。

一旦安全意外问题发生，游客的应急自救对保护游客人身安全、为援救人员到达争取时间至关重要。游客发生意外的情况往往出现在偏僻区域或人员较少的道路、悬崖峭壁等地点，游客可通过移动终端找到最近的避难所，与警方等救援力量尽早取得联系，方便救援快速实施。当游客无法判断自己所处的位置时，应急搜救中心可以通过基于位置服务（LBS）快速定位，实现及时搜救。

（三）攻略类

攻略类应用信息量大、离线资源众多、户外流量使用低，主要用在路线导航、旅游导航、旅游环境周边介绍及旅游景点介绍，游客足不出户就可以获取旅游目的地的信息，以便在旅行之前做好充足准备，为更好的旅游体验打下基础。

（四）分享类

在旅行前，游客可以在旅游社交网站互相交流行程计划，共同组织、发起旅游活动，查看航班、酒店与旅行社的预订信息和评论等。旅行过程中或结束后，许多游客还会通过社交媒体和点评网站，实时分享拍摄的照片、旅游经历和用户体验，并将目的地景点乃至整个行程的图文信息进行分享。

第二节 物联网技术

一、物联网的概念与特征

（一）物联网的概念

物联网可理解为"物物相连的互联网"，它有两层含义。

第一，物联网的核心和基础仍然是互联网，是以计算机网络为核心进行延伸和扩展而成的网络。

第二，物联网的用户端延伸和扩展到物品与物品之间，进行数据交换和通信，以实现许多全新的系统功能。普遍认为，物联网是通过射频识别（RFID）、红外感应器、全球定位系统、激光扫描器等信息传感技术或设备，按规定协议，将物品通过有线与无线方式与互联网连接，进行通信和信息交换，以实现智能化识别、定位、跟踪、监控和管理的一种网络技术。

（二）物联网的特征

物联网进一步实现了人与物体的交流互通，以及物体与物体相互间的信息共享传递等，从而创造出一批自动化程度更高、反应更灵敏、功能更强大、更适应各种内外环境、耐受性更强、对各产业领域拉动力更大的应用系统。物联网的基本特征包含 3 个方面。

1. 全面感知

物联网是各种感知技术的广泛应用，即利用 RFID、传感器、二维码以及未来可能的其他类型传感器，及时采集物体的动态信息，其接入对象更为广泛，获取信息更加丰富。

物联网上部署了多种类型传感器，每个传感器都是一个信息源，不同类型的传感器所捕获的信息内容和格式不同。传感器按一定的频率周期性地采集环境信息，不断更新数据，获得的数据具有实时性。在物联网中获取和处理的信息不仅包括人类社会的信息，也包括更为丰富的物理世界信息，包括长度、压力、温度、湿度、体积、重量、密度等。

2. 可靠传递

物联网是一种建立在互联网上的泛在网络。物联网技术的重要基础和核心仍旧是互联网，通过各种有线和无线网络与互联网融合，将物体的信息实时准确地传递出去。信息在传输过程中，为了保障数据的正确性和及时性，必须适应各种异构网络和协议。未来的物联网不仅需要完善的基础设施，更需要随时随地的网络覆盖和接入性，信息共享、互动以及远程操作都要达到较高的水平，同时信息的安全机制和权限管理也需要更高层次的监管和技术保障。

3. 智能处理

物联网能够利用云计算、模糊识别等各种智能计算技术，对海量数据和信息进行分析和处理，对物体实施智能化的控制，真正达到了人与物的沟通和物与物的沟通。未来的物联网不仅能提高人类的工作效率、改善工作流程，而且能够通过云计算、借助科学模型，广泛采用数据挖掘等知识，技术整合和深入分析收集到的海量数据，以更加新颖、系统且全面的观点和方法来看待和解决问题，使人类与周围世界的相处更加具有智慧。

二、物联网的技术体系

物联网的具体应用要实现全面感知、可靠传输、智能处理、自动控制 4个方面的要求，涉及较多的技术，技术体系比较复杂。从功能上讲，可以将物联网主要技术划分为 3 个层次。

（一）感知层——感知与识别技术

感知层是物联网发展和应用的基础，是实现物联网全面感知的核心。物联网的感知与识别技术主要实现对物体的感知与识别，包括射频识别、GPS 定位技术、红外感应技术、声音及视觉识别技术、生物特征识别技术等，它通过被识别物品和识别装置之间的接近活动，自动获取被识别物品的相关信息，并提供给后台的计算机处理系统来完成相关后续处理。下面主要介绍一下射频识别技术和传感器技术。

1. 射频识别技术

射频识别是一种非接触的自动识别技术，它利用射频信号及其空间耦合和传输特性进行非接触式双向通信，实现对静止或移动物体的自动识别，并进行数据交换。

RFID 由标签、读写器、天线 3 个基本部分组成。

（1）RFID 系统数据存储在射频标签中，其能量供应及与识读器之间的数据交换不是通过电流而是通过磁场或电磁场进行的。标签由耦合元件及芯片组成，每个标签具有唯一的电子编码，粘贴或安装在产品或物体上，标识目标对象。

（2）读写器由耦合模块、收发模块、控制模块和接口模块单元组成，用来读取（有时还可以写入）标签中的数据信息，通常为手持式或固定式设备。

（3）在一套完整的RFID系统中，天线在标签和读写器间传递射频信号。当标签进入磁场后，天线接收读写器发出的射频信号，凭借感应电流所获得的能量发送出存储在芯片中的产品信息，或者由标签主动发送某一频率的信号，读写器读取信息并解码后，送至中央信息系统进行有关数据处理。

RFID具有识读距离远、识读速度快、不受环境限制、可读性好、能同时识读多个物品等优点。日常生活中普遍存在的RFID相关应用有公交月票卡、电子交通无人收费系统，各类银行卡、物流与供应链管理、农牧渔产品履历、工业生产控制等。

2. 传感器技术

传感器技术是一门涉及物理学、化学、生物学、材料科学、电子学、通信与网络技术等多学科交叉的高新技术，而其中的传感器是一种物理装置，能够探测、感受外界的各种物理量（如光、热、湿度）、化学量（如烟雾、气体等）、生物量，以及未定义的自然参量等。传感器技术正与无线网络技术相结合，综合传感器技术、纳米技术、分布式信息处理技术、无线通信技术等，使嵌入物体的微型传感器相互协作，实现对监测区域的信息采集和实时监测，形成集感知、传输、处理于一体的终端末梢网络。

传感器将物理世界中的物理量、化学量、生物量等转化成能够处理的数字信号，一般需要将自然感知的模拟信号通过放大器放大，由模/数转换器转换成数字信号，从而被物联网识别和处理。传感器由敏感元件、转换元件和其他基本电路构成。

敏感元件是指传感器中能直接感受的被测量部分；转换元件指传感器中能将敏感元件感受的被测量转换成电信号的部分；其他转换电路将转换元件输出的电信号进一步放大，经过整形、滤波、模/数转换等变换后，成为可识别的数字信号。

目前，传感器在被检测量类型和精度、稳定性、可靠性、低成本、低耗能方面还没有达到规模应用水平，是物联网产业发展的重要瓶颈之一。

（二）网络层——通信与网络技术

网络层是物联网信息传递和服务支持的基础，物联网需要综合各种有线及无线通信技术、组网技术实现物与物的连接。物联网中的网络的形式，可以是有线网络或无线网络，短距离网络或长距离网络，企业专用网络或公用网络，局域网或互联网，等等。

物联网被看作是互联网的"最后一公里"，也称为末梢网络，其通信距离可能是几厘米到几百米，常用的主要有通信技术有 Wi-Fi、蓝牙、Zig-Bee、RFID、NFC、UWB 等。这些技术各有所长，结合实际应用需要可以有所取舍。例如，在物流领域，RFID 以其低成本占据着核心地位；在智能家居的应用中，ZigBee 逐步占据重要地位；而对于安防使用高清摄像的应用，Wi-Fi 或者直接连接到互联网可能是唯一的选择。

物联网的许多应用，比如比较分散的野外监测点、市政各种传输管道的分散监测点、农业大棚的监测信息汇聚点、无线网关、移动的监测物体等，一般需要远距离的无线通信技术。

从能耗上看，长距离无线通信往往比短距离无线通信具有更高的能耗，但其移动性和长距离通信的特性，使物联网具有更大的监测空间，以及更多有吸引力的应用。

（三）应用层信息处理与服务技术

应用层的主要功能是把感知和传输的数据信息进行分析和处理，做出正确的控制和决策，实现智能化的管理、应用和服务。感知海量信息，并进行计算与处理是物联网的核心支撑，也是物联网应用的最终价值。

信息处理与服务技术主要解决感知数据的储存（如物联网数据库技术、海量数据存储技术）、检索（搜索引擎等）、使用（云计算、数据挖掘、机器学习等），并对数据滥用的问题（数据安全与隐私保护等）进行防范。

对于物联网而言，信息的智能处理是核心。物联网不仅要收集物体的信息，还需利用收集到的信息对物体实现管理，因此信息处理技术是提供服务与应用的重要组成部分，需要研究数据融合、高效存储、语义集成、并行处理、知识发现和数据挖掘等关键技术，攻克物联网和云计算中的虚拟化、网格计算、服务化和智能化技术。

第三节 云计算技术

一、云计算概念与特征

（一）云计算的概念

提供资源的网络被称为"云"。"云"是网络、互联网的一种比喻说法，通常是一些大型服务器集群，包括计算服务器、存储服务器和宽带资源等。通常用"云"来表示电信网，后来也用来表示互联网和底层基础设施的抽象。

狭义的"云"，是 IT 基础设施的交付和使用模式，通过网络以按需、易扩展的方式，像使用水电一样获得所需的 IT 资源（硬件、平台、软件）。"云"中的资源在使用者看来是可以无限扩展的，可以随时获取、按需使用、随时扩展、按使用付费。

广义的"云"，是在 IT 基础设施"云"化的基础上，将平台、应用软件和服务的交付和使用模式进行延伸，通过网络以按需、易扩展的方式获得所需服务。这种服务可以是 IT 和软件、互联网相关，也可以是其他服务。它意味着计算能力可以作为一种商品通过互联网进行流通。

云计算是基于互联网的相关服务的增加、使用和交付的一种计算模式，它通过互联网提供的一个动态易扩展的虚拟化共享资源池组成，该资源池提供网络、服务器、存储、应用软件、服务等多种硬件和软件资源，具有自我管理能力，用户只需少量参与就可以从连接的设备和位置方便、快捷地按需获取资源。

云计算中的"云"是网络和互联网的一种比喻说法，在云计算中，可能有数量众多的电脑和服务器连接成为一片"电脑云"，而云计算提供的运算能力可能达到万亿次的速度，能够实现按需求提供运算。之所以称为"云"，是因为它在某些方面具有现实中云的特征：云一般都较大；云的规模可以动态伸缩，它的边界是模糊的；云在空中飘忽不定，无法也无须确定它的具体位置，但它确实存在于某处。另外，云计算的鼻祖之一——亚马逊公司将网格计算取名为"弹性计算云"并取得了商业上的成功。

云计算将计算资源集中起来，通过专门软件实现自动管理，无须人为参与。用户可以动态申请部分资源，支持各种应用程序的运转，无须为烦琐的细节而烦恼，能够更加专注于自己的业务，有利于提高效率、降低成本和技术创新。

云计算的核心理念是资源池，与网格计算池的概念非常相似。网格计算池将计算和存储资源虚拟成为一个可以任意组合分配的集合，池的规模可以动态扩展，分配给用户的处理能力可以动态回收重用。这种模式能够大大提高资源的利用率，提升平台的服务质量。

（二）云计算的特征

云计算引入了一系列具有相同核心特征的全新商业模式集合，使得云计算在 IT 资源与软件服务交付模式上有了变革。云计算具有如下特征。

1. 按需自动获取服务

消费者能够按其需要自动获取如服务器时间或网络存储一类的计算能力。云平台的 IT 基础设施资源可以理解为一个庞大的 IT 资源池，这些资源与服务可以量化并以按需计费的方式提供，即可以像水、电、煤气那样按量计费，方便用户根据自身需求按需购买。

用户根据实际的使用需求，通过网络方便地完成各种 IT 资源的申请、配置和发布，同时云平台能够及时进行资源的回收和再分配。这种服务模式极大地方便了云计算服务的提供者进行服务的管理工作，也方便了云计算服务的用户。

2. 泛网络接入

云计算通过标准网络和互联网设备来访问云计算资源，包括移动平台，用户不需要部署复杂的软硬件基础设施和应用软件，直接通过互联网或企业专网访问，即可获得"云"中的各种 IT 资源和服务。

网络服务通常被理解为一种应用编程接口，它可以通过网络接入来执行远程系统操作，是软件提供商向用户交付软件的重要渠道，有助于不同软件接口之间的标准化发展。

3. 位置无关的资源池

计算资源聚集在一起为各种用户提供服务，根据用户需求，动态分配不同的虚拟资源，用户无须知道计算资源的位置。云平台可以将物理硬件和软件资源以分布式的共享方式部署，通过多租户模式服务于多个用户，最终在逻辑上以单一的整体形式呈现给每个最终用户。IT 资源被集中管理并被多个应用程序或者用户共享是云计算十分显著的特点。

4. 快速可弹性

计算资源能够迅速组织起来，增加或减少以满足用户需求的变化。由于整体构建于大型分布式系统架构之上，云计算平台的 IT 基础设施资源支持线性扩容，而且无须复杂的系统配置和数据迁移，因此其技术和存储能力可以动态伸缩，满足应用和用户规模增长的各种需要。

云平台的技术能力能够快速且弹性地实现共赢，根据服务的负荷，增减相应的 IT 资源（包括计算、存储、网络和软件资源），使得 IT 资源的规模得以动态伸缩，适配用户与业务量的快速变化。这也是基于用户不同时间对不同量计算资源的满足，该特点对于业务量具有较大波动的公司十分具有吸引力。例如，业务量随季节变化或者无规律变动的公司，在业务量急剧上升时使用较大的计算资源，在业务量下降时减少计算资源。

5. 按量计费

云平台可根据资源或服务的类型提供相应的计量方式，并以用户实际的使用量（如资源使用量或服务使用时长）进行服务收费。IT 资源的使用量可被精确计算，并以此计量的资源使用量进行计费。该收费模式相比较于传统的计费模式，准确按照用量进行，使收费更加低廉。

二、云计算服务模式

云计算是以共享基础架构为特征的集约化计算模式，可以将服务器、工作站、存储以及软件应用等整合成为直观、易用的资源池，并通过互联网为用户提供在线服务。可以认为云计算包括以下几个层次的服务：基础设施即服务，平台即服务和软件即服务。

（一）基础设施即服务

基础设施即服务，是指基于云计算的基础设施作为一种服务交付于用户，用户运用基础设施的一般活动，包括程序处理、网络化、计算、存储以及其他基本服务。运行的服务器规模达到几十万台之多，用户能够申请的资源几乎是无限的。

亚马逊公司是云基础服务的主要供应商之一。亚马逊公司基于将公司闲置的网络资源有偿提供给广大用户的想法，推出了云基础设施服务，包括可供存储客户数据的简单存储服务和供用户运行其应用的弹性云服务。用户基于 IaaS,无须投资或维护,即可使用亚马逊高质量的基础网络设施。IaaS 层面把服务器、储存等基础资源计算能力作为一项服务,注重资源的共享。用户通过 Internet 可以获得虚拟的服务器、储存和网络,相当于使用本地裸机和磁盘,可以在其中部署和运行包括操作系统在内的任意软件,几乎可以做任何想做的事情。IaaS 对用户在基础设施层面透明,用户不需要考虑底层的云计算基础设施,即可控制操作系统的选择、分配存储空间、部署应用。

IaaS 最大的优势在于它允许用户动态申请或释放节点,按使用量计费。同时,由公众共享 IT 基础设施资源,具有更高使用效率。

（二）平台即服务

平台即服务,一般表现为用户运用第三方提供的云平台进行应用软件开发。云平台提供商只需开发、维护一个平台,便可服务于多个不同用户,大大节省了成本,云平台一般会规定适用的编程语言及部分技术标准。如阿里的云引擎 ACE,提供一种弹性、分布式的应用托管环境,支持多种语言环境,帮助开发者快速开发和部署服务端应用程序,简化系统维护工作,同时搭载了丰富的分布式扩展服务,为应用程序提供强大的助力。

用户无须前期投资,就可以使用云服务供应商提供的基础设施和程序工具来开发自己的应用,并按实际用量进行付费。云平台的用户通常分为两类:企业的 IT 部门、独立软件供应商。企业的 IT 部门运用云平台根据公司内部需要进行软件开发,独立软件供应商则将基于云平台开发的应用软件销售给最终用户。

PaaS 层面以应用服务器平台或开发环境提供服务,提供软件开发接口和运行环境,把硬件资源与通用软件作为服务。PaaS 自身负责资源的动态扩展和容错管理,用户应用程序不必过多考虑节点间的配合问题。用户必须具备丰富的 IT 知识。使用特定编程环境并遵照特定的编程模型自主权降低。

PaaS 对用户在平台层面上透明,用户不需要管控网络、服务、操作系统、存储等底层的云基础设施,但需要对部署在平台上的应用程序进行控制,某些情况下也需要对应用程序的托管环境进行配置。

（三）软件即服务

软件即服务,是一种新的服务模式,主要发布基于云基础网络或云平台而开发的应用软件。如云数据库 RDS，即是一种即开即用、稳定可靠、可弹性伸缩的在线数据库服务，支持 My SQL，SQL Server，Postgre SQL 和 PPAS 引擎，并且提供了容灾、备份、恢复、监控、迁移等方面的全套解决方案。

SaaS 模式属于多租户架构模式，多个不同用户通过浏览器接入云应用。从用户角度而言，无须初始硬件投资、无须维护，而直接通过网络快速使用平台开发出来的软件。从软件提供商的角度而言，基于多租户架构，提供商开发、维护一个软件应用却可服务于多个不同的用户。

客户可以通过网络使用供应商提供的安装在供应商云基础设施上的软件。例如，北京今目标信息技术有限公司在互联网上为企业和组织打造的一套目标管理软件，可以实现电脑、手机、PAD 多端通用，信息同步。它不仅为企业和组织创造了一个专属的网络办公环境，更提供了一种可行可试的管理方式，是辅助每一个职业人自我管理与成长的有益工具。更重要的是，北京今目标信息技术有限公司承诺其"今目标"互联网＋时代企业办公平台，不限用户数、不限时间，而且永久免费。

就像打开自来水龙头就能用水一样，用户可以根据实际需要，向 SaaS 提供商租赁软件服务。SaaS 层面以软件程序提供服务，其针对性更强，它将某些特定应用软件功能封装成服务，除了需要对应用程序的配置做有限的设定，用户不需要考虑网络、服务器、操作系统、存储等底层的云基础设施。在大多数情况下，也不需要管理供其使用的应用程序服务的能力。

三、"云"的部署模式

按照"云"的部署模式，可以将"云"分成 4 种类别：公有云、私有云、社区云，混合云。不同的部署模式，涉及不同的云服务所有权或所有权分配方式。

（一）公有云

公有云是最基础的服务，多个客户可共享一个服务提供商的系统资源，他们无须架设任何设备及配备管理人员，便可享有专业的 IT 服务，这对于一般创业者、中小企来说，无疑是一个降低成本的好方法。

公有云一般由专门提供云服务的第三方公司提供，面向大众，可通过 Internet 使用。云计算基础设施可由个人用户或一个大型产业联盟共享和使用。如果公有云归某个组织所有，该组织以云服务的方式向外部用户出售它的计算能力。外部用户通过互联网访问服务，并不拥有云计算资源。

公有云可节约成本，尤其对于中小企业，企业能够将计算和存储外包给云提供商，而不需自己购买设备或投入专业人力来负责云系统的维护，还能在计算需求变化时灵活地增减云资源的租用。同时，公有云因其庞大的用户基础而在硬件投资和管理效率方面存在规模经济的效应。然而，数据安全问题是公共云普及中最重要的顾虑之一。用户担心敏感数据一旦上传到云端，对数据就失去了绝对的控制权，因此数据安全成为公有云的一大信任危机。目前大多数企业尚不愿意将最核心的敏感数据上传到云服务器端，而只是用一些边缘性应用来试水。公有云被认为是云计算的主要形态，在国内按市场参与者可分成以下几类：1.传统电信基础设施运营商，包括中国移动、中国联通和中国电信。2.政府主导下的地方云计算平台，如各地如火如荼的各种"XX云"项目。3.互联网巨头打造的公有云平台，如阿里云。4.部分原IDC运营商，如世纪互联。5.具有国外技术背景或引进国外云计算技术的国内企业，如风起亚洲云。

（二）私有云

私有云又称为内部云，是企业内部的计算资源整合，面向内部用户，企业内部资源的总量决定了其规模。拥有私有云的企业控制所有资源及基础设施，并在此基础上部署应用程序。

云计算经济便捷和资源共享等特性，促进了私有云迅速在企业级应用中普及。目前，大多数私有云的应用主要局限于对于企业内部IT资源的虚拟化和自动化管理，云的规模相对来说比较有限。

私有云能够享受部分云计算的优势，例如计算资源的统一管理和动态分配等。然而，企业仍需自己购买硬件设备，投入专业人力来维护整个系统。大型的IT公司内部拥有大量的计算资源和技术人力，其对内部的计算需求可以用私有云来满足。

由于私有云是为一个客户单独使用而构建的，能够提供对数据、安全性和服务质量的最有效控制。私有云可部署在企业数据中心的防火墙内，也可以部署在一个安全的主机托管场所。

（三）社区云

社区云是由几个有共同应用需求的组织共同组建的半公共云。社区云的资源由多个组织共同提供，平台由多个组织共同管理，它有着比私有云更大的资源优化空间和比公共云更小的安全风险。

（四）混合云

混合云由公共云、私有云、社区云中两个或两个以上混合而成，对技术要求较高，为了混合连接不同的云并保证互相之间的操作性，需要较高的统一标准或者拥有权的技术。用户往往将敏感数据和业务运行在私有云中，将非敏感业务运行在一个或多个公共云中。

第四节 虚拟现实技术

一、虚拟现实技术概述

（一）虚拟现实技术的概念

虚拟现实技术是一种可以创建和体验虚拟世界的计算机仿真系统，它利用计算机模拟产生一个三维世界的虚拟空间，为使用者提供视觉、听觉、触觉等感官的模拟，让使用者如同身临其境一般，可以即时、没有限制地观察虚拟空间内的物体。

一个典型的虚拟现实系统主要包括虚拟世界、计算机、虚拟现实软件、输入设备和输出设备五大组成部分。其中，虚拟世界是可交互的虚拟环境，涉及模型构筑、力学特征、物理约束、照明及碰撞检测等；计算机环境涉及处理器配置、通道及实时操作系统等；虚拟现实软件负责提供实时构造和参与虚拟世界的能力，涉及建模、物理仿真等；输入设备和输出设备用于观察和操纵虚拟世界，涉及跟踪系统、图像显示、声音交互、触觉反馈等。

虚拟现实技术主要包括模拟环境、感知、自然技能和传感设备等方面。模拟环境是由计算机生成的、实时动态的三维立体逼真图像；感知是指理想的 VR 应该具有一切人所具有的感知，除计算机图形技术所生成的视觉感知，还有听觉、触觉、力觉、运动等感知，甚至还包括嗅觉、味觉等，也称为多感知；自然技能是指人的头部转动，眼睛、手势或其他人体行为动作，由计算机来处理与参与者的动作相适应的数据，并对用户的输入做出实时响应，并分别反馈到用户的五官；传感设备是指三维交互设备。

虚拟现实技术追求的是将传统的计算机从一种需要人用键盘、鼠标对其进行操作的设备变成人处于计算机创造的人工环境中，通过感官、语言、手势等比较"自然"的方式进行"交互、对话"的系统和环境，它将从根本上改变目前让人去适应计算机的不友善的局面，而变成让计算机来适应人的一种新体制，从而使人不需要经过专门训练就可以在不知不觉中使用计算机，使计算机渗透到人们工作、学习和生活的各个领域，大大扩大了计算机的应用。

虚拟现实技术是一种综合计算机图形学、多媒体技术、人机接口技术、图像处理与模式识别、多传感技术、语音处理与音响技术、高性能计算机系统、并行实时计算技术、人工智能、仿真技术等多种学科而发展起来的技术，它以模拟方式为使用者创造一个实时反映实体对象变化与相互作用的三维图像世界，在视、听、触、嗅等感知行为的逼真体验中，使参与者可以直接参与和探索虚拟对象在所处环境中的作用和变化，置身于虚拟的世界中，产生沉浸感。

VR 成为发展很快且非常活跃的最新技术，掀起一系列 R 技术，如 VR 技术、AR 技术、MR 技术、CR 技术，将人类带入了"三维"信息视角，彻底颠覆我们信息获取、信息产生、与世界交互、进行生产等诸多方式，就像计算机曾经改变世界那样。

1.VR

VR 是利用计算设备模拟产生一个三维的虚拟世界，为用户提供视觉、听觉等感官的模拟，有十足的沉浸感与临场感，但看到的一切都是虚拟的。VR 消费类设备现可分为 3 类：需要配合电脑的头戴式设备，其代表 Oculus Rift 尚未商用；投射手机内容的 VR 转换支架，代表有暴风魔镜、Card Board；自带主机，无须电脑、手机等外设的 VR 一体机。还有专业的 VR 内容生产设备，例如 Nokia OZO。VR 尚处于初级阶段，内容和应用匮乏，佩戴舒适度、人机交互等问题依然是难点。

2.AR

AR 将虚拟资讯加入实际生活场景，字面解释为"现实"就在这里，但是它被增强了，被虚拟信息增强了。实际上，智能手机上有很多应用都属于

AR。比如一些 LBS（基于地理位置的服务）应用，打开应用后，把手机摄像头对着某幢大厦，手机屏幕上便会浮现大厦的名称、楼层等相关信息。

GMC 车载系统在其挡风玻璃上投射虚拟图像，用意是让驾驶者不需要低头查看仪表的显示与资料，始终保持抬头的姿态，降低低头与抬头期间忽略外界环境的快速变化，以及眼睛焦距需要不断调整产生的延迟与不适，或者帮助驾驶者更好地感知路况信息，提高驾驶安全性。Google Glass 允许使用者与周围环境交互时，通过眼镜上的微型投影仪把虚拟图像直接投射到使用者的视网膜，使用者可以看到叠加过虚拟图像的现实世界。

3.MR

MR 又称 Hybrid Reality，包含 AR 和 AV，它将真实世界和虚拟世界混合在一起，产生新的可视化环境，环境中同时包含了物理实体与虚拟信息，并且是实时的。

AV（增强虚拟）则是将真实信息加入虚拟环境，例如玩电玩游戏时可透过游戏手把感应重力，将现实中的重力特性加入游戏中，调整、控制赛车的方向。MR 是将虚拟世界与真实世界混合在一起，产生全新的视觉化环境。"现实—虚拟"区间，向左至无穷表示现实环境，向右至无穷表示虚拟环境。从现实环境依次向右为增强现实、增强虚拟，直到虚拟环境，混合现实则包含了增强现实与增强虚拟。用户眼睛所见到的环境同时包含了现实的物理实体以及虚拟信息，且可以实时呈现。

4.CR

CR 是 Magic Leap 提出的概念，指的是可以让虚拟实境效果呈现出宛如电影特效的逼真效果，但后期 Magic Leap 常用 MR 来归类自家产品，再加上要实现 CR 效果，充满更多现实中的挑战，相关探讨并不多。

（二）虚拟现实技术的特征

从本质上说，虚拟现实系统是一种先进的计算机用户接口，它通过给用户同时提供视、听、触等各种直观而又自然的实时感知交互手段，最大限度地方便用户的操作，从而减轻用户的负担，提高整个系统的工作效率。

1.交互性

交互性指参与者对虚拟环境内的物体的可操作程度和虚拟现实技术的三角形环境中得到反馈的自然程度，使用者必须能与虚拟场景进行交互，产生参与感。这种交互的产生主要借助于各种专用的三维交互设备（如头盔显示器、数据手套等），它们使人类能够利用自然技能，如同在真实的环境中一样与虚拟环境中的对象发生交互关系。

2.沉浸感

沉浸感又称浸没感、临场感、存在感、投入感，指用户感到作为主角存在于模拟环境中的真实程度。沉浸感必须存在一个由计算机产生的虚拟场景，这个虚拟场景能令使用者暂时脱离现实世界，产生一种现场感，理想的模拟环境应该达到使用户难辨真假的程度。沉浸感包括以下两个方面。

（1）多感知性

多感知性又称感受性、全息性、真实性，是指除了一般计算机技术所具有的视觉感知之外，还具有听觉感知、力觉感知、触觉感知、运动感知，甚至包括味觉、嗅觉感知等。理想的虚拟现实技术应该具有一切人所具有的感知功能。由于相关技术的限制，特别是传感技术的限制，目前虚拟现实技术所具有的感知功能仅限于视觉、听觉、力觉、触觉、运动等几种，无论从感知范围还是从感知的精确程度都尚无法与人相比。

（2）自主性

自主性指虚拟环境中的物体依据物理定律动作的程度。例如，当受到力的推动时，物体会向力的方向移动，或翻倒，或从桌面落到地面等。

3.构想性

构想性又称想象性，是指虚拟现实技术具有广阔的可想象空间，不但可以再现真实存在的环境，而且可以构想客观上不存在的甚至不可能发生的环境。

人类在许多领域面临着越来越多前所未有而又必须解决和突破的问题，例如载人航天、核试验、核反应堆维护、新武器等产品的设计研究，气象及自然灾害预报，医疗手术的模拟与训练，多兵种军事联合训练与演练，等等，借助于VR技术，人类有可能从定性和定量综合集成的虚拟环境中得到感性和理性的认识，深化概念，产生新的构想。

二、虚拟现实技术在旅游中的应用

近年来，VR已不再是科学幻想和遥不可及的概念了。虚拟现实及相关科技产品已成为当今最热门的话题，并且有席卷旅游行业之势。人们能够通过虚拟现实体验一趟海滨之旅，或者夜访博物馆之行，或者通过虚拟现实设备直接体验一家酒店、一个饭店或一个景区等。

（一）虚拟旅游的概念及特点

1. 虚拟旅游的概念

虚拟旅游是通过互联网与虚拟现实技术，在现实旅游的基础上，将三维实景、电子地图等多种技术相结合，将旅游景观生动地呈现在游客面前，让游客根据自己的需求来选择游览路线，足不出户，观览千里之外的自然风光、人文历史资源等，在虚拟世界中获取现实世界的旅游体验。

虚拟旅游分为狭义的虚拟旅游和广义的虚拟旅游。狭义的虚拟旅游是指通过互联网或其他设备，在虚拟景观中漫游和浏览；广义的虚拟旅游是从与现实旅游相对的角度，不仅指在虚拟景观中漫游、与旅游景观要素交互，还包括通过虚拟社区平台与其他参与者交互，借助旅游电子商务购买旅游纪念品等。

虚拟旅游平台既是传统旅游的有益补充，又可以更加深入地挖掘旅游业务市场，从而拓宽旅游市场。通过虚拟旅游，游客以虚拟游客的身份进入虚拟旅游景区，享受高仿真度的景区场景，使用多种嵌入式的旅游服务完全沉浸到交互体验中。游客通过对虚拟旅游互动性和趣味性的体验，在家里身临其境般地游览远在异国他乡的著名景点，进行旅游线路的规划，将旅游需求变为现实旅游。

虚拟旅游也是保护重要旅游资源的良好途径。它将旅游遗产数字化，可以永久保存，支持人们远程浏览和欣赏易损的高价值旅游资源，有助于缓解旅游业对环境造成的压力。特别是我国一些珍贵的历史文化遗产和自然生态遗产，很多只残存了一小部分或是全部消失，通过高科技进行加工制作的虚拟景观，可真实还原这些珍贵资源的历史风貌，在一定程度上弥补旅游者的遗憾。

2. 虚拟旅游的特点

虚拟旅游包括了多维信息空间，融合了人类各种感觉、触觉、视觉等，使游客在其建立的虚拟旅游环境中有身临其境的体验。虚拟旅游具有沉浸性、交互性、超时空性、经济性、高技术性等特点，不受时间、空间、经济条件、环境条件的限制，可以满足游客的游览和审美需求，互动性和趣味性更强。

（1）沉浸性

游客通过图像、声音、文字等多种感知方式沉浸到计算机创造出的虚拟世界中，身临其境地体验虚拟旅游。

（2）交互性

利用各类传感设备，如感觉、视觉、听觉、触觉等传感器，增加游客与虚拟世界之间的沟通手段，使游客与虚拟的信息环境发生交互作用。虚拟旅游的交互性表现在两个方面：一方面，虚拟游客可以同虚拟环境进行交互，虚拟游客在虚拟旅游过程中不是被动地接受空间信息，还可以操纵虚拟景点中的物品，虚拟旅游系统会根据虚拟游客的操作实时地做出反馈；另一方面，虚拟旅游者可以与导游以及其他虚拟旅游者进行交流。

（3）超时空性

虚拟旅游产品不仅是现实景区的虚拟化，还可以将过去曾有的、规划者想象的，而现实中并不存在的景观呈现出来。虚拟旅游产品的创建不受时间和空间的限制，它可以随时向虚拟游客展示被损毁的古代建筑、文物等历史遗迹，并展示预测的未来世界；它可以超越空间，虚拟旅游者不仅可以在本地进入异地，也可以进入一个很小的景物中，如一个原子，也可以在一个巨大的空间中漫游，如宇宙空间。

（4）多感受性

虚拟旅游给虚拟旅游者提供不同的感官享受，包括视觉、听觉、触觉、嗅觉和味觉，最大限度地模拟现实世界，让虚拟旅游者沉浸其中。

（5）经济性

虚拟现实技术使游客足不出户地享受虚拟旅游带来的独特体验，避免了传统旅游中交通、住宿等诸多费用，并且不受时间和天气的影响，大大降低了旅游成本。

（6）高技术性

虚拟现实技术依托虚拟现实、图像处理、仿真渲染、三维建模、人机交互等现代化高科技手段，具有广泛的应用前景，为旅游产业向前发展带来了巨大的变革，它不但是一种理念和方法的变革，更是技术的变革。

（二）虚拟旅游的应用现状

目前，虚拟旅游应用主要包括以下几类。

1.360度三维全景漫游

全景虚拟现实是通过360度相机，环拍一组或者多组真实的场景照片，拼接成一个全景图像，再利用计算机技术实现全方位欣赏真实场景的技术。

通过这种技术可以对场景中的游览路线、角度和游览速度进行自由控制，避免了被动接受的缺点，给用户更加充分的选择自由，具有较强的互动参与性，使游览过程不受时间、天气的影响，游客可以随意更换观察点，多角度细致地游览，满足其想要体验的多种需求。例如"虚拟紫禁城""成都文化文物应用展示平台"等都是利用了360度三维实景技术，虚拟了故宫以及成都多个景点。

2.虚拟旅游真实再现文明古迹

在被烽火硝烟摧毁了几百年之后，文明古迹的景观和建筑已残缺不全，再现技术在科学家对古遗迹资料文献的研究基础上，建立一个全新的古代建筑、古迹景观仿真世界，将破毁损坏的珍贵古建筑和文明古迹呈现给游客。

虚拟现实技术再现的古代遗迹风貌，除了能让游客领略感受古代文化气息，更能真实地再现历史上的建筑。游客只需要佩戴特制的传感设备，就能漫步于古代建筑的世界。

3.现存文化遗产的保护性开发

国家重点文物和世界文化遗产，由于受到文物保护的客观条件限制，对于历史珍贵的收藏品以及建筑物的开发必须进行限制，才能更好、更长久地保护这些遗产。虚拟现实技术可以解决历史珍贵文物的保护和游客游览之间的矛盾。

利用虚拟现实技术，结合网络技术，可以将文物的展示、保护提高到一个崭新的阶段。首先，将文物实体通过影像数据采集手段，建立起实物三维或模型数据库，保存文物原有的各项形式数据和空间关系等重要资源，实现濒危文物资源的科学、高精度和永久的保存。其次，利用这些技术可以提高文物修复的精度，预先判断、选取将要采用的保护手段，缩短修复工期。

通过计算机网络整合、统一大范围内的文物资源，并且通过网络利用虚拟技术更加全面、生动、逼真地展示文物，使文物脱离了地域限制，实现了资源共享，真正成为全人类可以"拥有"的文化遗产。使用虚拟现实技术可以推动文博行业更快地进入信息时代，实现文物展示和保护的现代化。

4. 虚拟现实技术在旅游规划中的应用

利用虚拟现实技术可以对待开发的旅游景点进行合理的规划设计与系统建模，生成虚拟场景。规划人员可以交互式地观察和体验虚拟景点，在真正实施规划方案之前判断其优劣，改进不足，验证实施效果，并在选定方案的实施过程中起到有效的辅助决策作用。

5. 虚拟现实技术在旅游人才培养教学中的应用

随着旅游行业的日渐升温，社会对导游、旅游管理等相关专业的人才需求也在直线上升。然而，在各大高校的导游专业人才的培训过程中，往往存在着实习资源匮乏、实地参观成本高等问题。对于全国各大主要景区及博物馆，由于设备、场地、经费等硬件的限制，既不可能带学生现场学习，也不可能建设实体微景观来教学。利用虚拟现实系统，学生可以足不出户地获得生动、逼真的学习环境，彻底打破时间与空间的限制，加速学习知识和能力训练的过程。

如何改进教学方式、优化教学过程、提高教学效果，是导游培训行业必须解决的难题，虚拟现实技术提供了一种新型的教学手段，很好地解决了这些问题，使学生可以更加投入地参与教学互动，更加深入地理解教学内容，提高了教学质量。

（三）虚拟旅游实践

1. 文化文物数字化平台

在这个充满智能化色彩的文化文物数字平台上，把时空"压缩"在方寸和手掌之间，让人足不出户地饱览成都历史文化资源，玩转大大小小的成都博物馆。打开"成都文化文物应用展示平台"，便可以在系统的指引下"游览"成都的武侯祠、金沙遗址、杜甫草堂等三大博物馆，舒缓的音乐配以精致的三维图像，虽然是虚拟的博物馆，却也让人流连忘返。同样是在这个平台上，成都市各大博物馆、文化场馆、重要文物、重大活动等各类信息一应俱全。

2. 虚拟紫禁城

IBM与故宫联手，花费了3年多的时间，将约72万平方米的故宫通过网络鲜活地呈现在人们面前，成为中国在互联网上展现重要历史文化景点的虚拟世界。从此，无论你身处世界任何角落，只要有互联网，就可以"走进"故宫博物院，走进紫禁城。

"超越时空的紫禁城"项目在 3D 虚拟世界初步再现了中国这座满载文化宝藏的博物馆，使任何人都能够通过互联网登录虚拟的紫禁城，身临其境地体验中国古代宫廷建筑的辉煌，享受游览博物馆的乐趣。

如今，在网络虚拟技术的支持下，游客不仅可以四处参观体验，感受这片庞大的、令人惊叹的建筑空间带给人的震撼，还可扮演不同"角色"进入虚拟世界，相互聊天并参加各种活动，如射箭、斗蟋蟀、下围棋等，欣赏宫中藏品并观看皇宫里各种生活场景，如"皇帝御膳""宫廷绘画"等。

"超越时空的紫禁城"项目再现了皇家生活场景和观众游览的路线，设计了古人与现代观众之间的互动活动，使得曾经神秘的宫廷生活得以向所有人打开大门，通过开放的、可扩展的平台，使以社区和社会网络为特征的丰富内容与生动的历史场景和讲述融为一体。

第五节 GIS 和基于位置的服务

一、GIS

（一）GIS 的概念

地理信息系统的概念，地理信息系统中"地理"一词并不是狭义的地理学，而是广义地指地理坐标参照系统中的空间数据、属性数据以及在此基础上得到的相关数据。GIS 是在计算机硬、软件系统支持，对整个或部分地球表层（包括大气层）空间中的有关地理分布数据进行采集、储存、管理、运算、分析、显示和描述的技术系统。简单地说，GIS 是综合处理和分析地理空间数据的一种技术系统，是以测绘测量为基础，以数据库作为数据存储和使用的数据源，以计算机编程为平台的全球空间即时分析技术的系统。

GIS 处理、管理的对象是多种地理空间实体数据及其关系，包括空间定位数据、图形数据、遥感图像数据、属性数据等，用于分析和处理在一定地理区域内分布的各种现象和过程，解决复杂的规划、决策和管理问题。GIS有丰富的内涵，可以从几个方面来审视 GIS 的含义。

1.GIS 的物理外壳是计算机化的技术系统，它由若干个相互关联的子系统构成，如数据采集子系统、数据管理子系统、数据处理和分析子系统、图像处理子系统、数据产品输出子系统等，这些子系统的优劣、结构直接影响着 GIS 的硬件平台、功能、效率、数据处理的方式和产品输出的类型。

2.GIS 的操作对象是空间数据，即点、线、面、体等有三维要素的地理实体。通常用图层来区别存储不同专题的空间信息数据，即每一层存放一种专题或一类信息，并有一组对应的数据文件。各个图层可以单独操作，也可以同时对几个图层一起操作。空间数据的最根本特点是每一个数据都按统一的地理坐标进行编码，实现对其定位并进行定性和定量的描述，这是 GIS 区别于其他类型信息系统的根本标志，也是其技术难点之所在。

3.GIS 的技术优势在于它的数据综合、模拟与分析评价能力，可以得到常规方法或普通信息系统难以得到的重要信息，实现地理空间过程演化的模拟和预测。

4.GIS 与测绘学和地理学有着密切的关系。大地测量、工程测量、矿山测量、地籍测量、航空摄影测量和遥感技术为 GIS 中的空间实体提供各种不同比例尺和精度的定位数；电子速测仪、GPS 全球定位技术、解析或数字摄影测量工作站、遥感图像处理系统等现代测绘技术的使用，可直接、快速和自动地获取空间目标的数字信息产品，为 GIS 提供丰富、实时的信息源，促使 GIS 向更高层次发展。

地理信息系统与其他信息系统的区别在于，地理信息系统所存储和处理的是按统一地理坐标进行编码的信息，可以通过地理位置及与该位置有关的地物属性信息进行信息检索。作为地理学、地质学、地图学和测量学等传统科学同遥感与航测技术、全球定位系统、计算机科学等现代科学技术相结合的产物，GIS 正逐渐发展成为处理空间数据的多学科综合应用技术，广泛应用于资源调查、环境评估、灾害预测、国土管理、城市规划、邮电通信、交通运输、军事公安、水利电力、公共设施管理、农林牧业、统计、商业金融等几乎所有领域。

（二）GIS 软件体系结构

随着计算机软、硬件和通信技术的不断进步，地理信息系统的理论和技术方法取得了惊人的发展，地理信息系统正在从一个单纯的应用系统发展为一个完整的技术系统和理论体系。

随着计算机系统性能的日益提升，地理信息系统 GIS 的应用正变得越来越普遍。GIS 应用普遍采用较为成熟的三层软件体系结构。

GIS 系统功能划分为 3 个独立层，分别为数据层、应用逻辑层和表现层。其中，数据层负责提供独立于具体软件技术的数据管理功能，应用逻辑层则负责提供不同功能的地理信息服务（可以通过工作流服务进行定制），表现层负责实现系统的用户接口、显示地图和提供一些基本的客户端功能。

（三）GIS 技术发展和开发工具

GIS 技术的发展，在软件模式上经历了 GIS 功能模块、集成式 GIS、模块化 GIS、核心式 GIS，从而发展到组件式 GIS 和 WebGIS 的过程。

1.ComGIS 组件式技术

在组件技术的概念模式下，软件系统可以被视为相互协同工作的对象集合，每个对象都提供特定的服务，发出特定的消息，并且以标准形式公布出来，以便其他对象了解和调用。组件间的接口通过与平台无关的语言 IDL 定义，而且是二进制兼容的，使用者可以直接调用执行模块来获得对象提供的服务。同时，组件封装很彻底，易于使用，并且可以在各种开发语言和开发环境中使用，不限于 C++ 之类的语言。组件式 GIS 开发平台通常可设计为三级结构。

（1）基础组件——面向空间数据管理，提供基本的交互过程

基础组件处于平台最底层，是整个系统的基础，主要面向空间数据管理，提供基本的交互过程，并能以灵活的方式与数据库系统连接。

（2）高级通用组件——面向通用功能

高级通用组件由基础组件构造而成。它们面向通用功能，简化用户开发过程，如显示工具组件、选择工具组件、编辑工具组件、属性浏览器组件等。它们之间的协同控制消息被封装起来，使二次开发更为简单。如一个编辑查询系统，若用基础平台开发，需要编写大量的代码，而利用高级通用组件，只需几行代码就可以完成。

（3）行业性组件——抽象出行业应用的特定算法，提供基本交互过程

以 GPS 监控为例。对于 GPS 应用，除了需要地图显示、信息查询等一般的 GIS 功能，还需要特定的应用功能，如动态目标显示、目标锁定、轨

迹显示等。这些 GPS 行业性应用功能组件被封装起来后，开发者的工作就可简化为设置显示目标的图例、轨迹显示的颜色、锁定的目标，以及调用、接收数据的方法等。

2.Web GIS 主要实现技术

传统 GIS 系统是基于文件共享的低级分布式结构，数据集中存放于服务器，存在的主要问题有文件服务器结构的处理能力完全依赖于客户端，效率低；客户端操作需要将服务器文件远程复制到本地进行；多用户并发操作时，数据的完整性难以控制；数据频繁传输，易造成网络瓶颈。

万维网的发展渗透到各行各业，提供了越来越多的信息。随着人们对 GIS 应用的需求，利用万维网发布空间数据已成为 GIS 发展的必然趋势。在 GIS 发展的过程中，发展出新的 Web GIS。Web GIS 使用户从万维网上的任意一个节点，通过浏览器就可以浏览站点中的空间数据、制作专题图，以及进行各种空间检索和分析，甚至还可以进行全球范围内的 GIS 数据更新，从而真正使 GIS 进入千家万户。

Web 是一种典型的分布式应用结构，应用中的每一次信息交换都涉及客户端和服务端。Web GIS 的主要技术方案包括服务器端策略、客户端策略和复合型策略，其技术也包括客户端技术和服务器端技术。Web 客户端的主要任务是展现信息内容，其技术主要包括 HTML 语言、Java Applets，脚本程序、CSS，DHTML、插件技术以及 VRML 技术；Web 服务端的开发技术主要包括服务器技术、CGI，PHP，ASP，ASP，NET，Servlet 和 JSP 技术。

Web 技术极大地改善了传统 GIS 系统的结构、性能以及开发方式，方便人们采用多种技术扩展 Web 的能力。

（1）HTML 语言实现 Web GIS 系统

HTML 语言是万维网 B/S 计算模式的基础，浏览器作为客户端应用程序，可以存取的基本文档格式就是 HTML 文档。最早的 HTML 语言只支持数据的显示功能，今天的 XML 语言不仅支持数据的显示，同时还支持数据的处理，但不能用来产生动态信息，因此缺乏交互性。HTML 语言的出现使得万维网服务器可以发布地理数据或地图，第一次拓展了 GIS 的应用领域，这个时期的 Web GIS 系统在功能上属于地理数据服务器或地图服务器，在技术实现上属于纯 HTML 方式，总体上还是 Web GIS 的起始阶段。

（2）CGI 实现 Web GIS 系统

CGI 是一种连接应用软件和 Web 服务器的标准技术，是 HTML 的功能扩展。API 技术是类似于 CGI 技术，它们都是 Web GIS 较早采用的开发技术。在这种应用模式中，服务器端不必事先生成静态的地图，客户端可以获得动态的、交互的地图操作。

CG0 基本实现思路：用户通过浏览器发送一个请求到万维网服务器上，服务器通过 CGI 把该请求转发给后台运行的 GIS 应用程序，由应用程序生成结果并返回给服务器，万维网服务器再把结果传递到客户端显示。这种方式存在服务器每次请求都要重新启动 GIS 应用程序的缺点，降低了系统响应速度。目前的大部分 Web GIS 系统是采用的 CGI/Server API 方法通过使用 Server API，服务器请求后端 GIS 应用程序时不用重新启动该程序。

（3）脚本语言实现 Web GIS 系统

脚本语言是对 HTML 在功能上的扩展，使得 HTML 在显示数据的同时可以对数据进行简单的操作，它们都是某种编程语言的一个子集，根据运行环境的不同可以分为服务器端脚本语言和客户端脚本语言。

实际应用中脚本语言往往是结合组件技术使用，客户端脚本可以用来检查用户输入，服务器端脚本可以用来进行数据库连接，利用组件实现地理数据的操作等。客户端界面采用了标准的 HTML 表元素来提交用户的请求，兼容各种浏览器，通过脚本语言实现与用户的交互功能。服务器端采用 ASP 技术，利用可视化编程工具设计 GIS 组件，定制整个程序的应用逻辑。但客户端提交的是基本 HTTP 表单，缺乏良好的交互性能，不能适应多用户并发查询，理想的模式应是基于对象的客户 / 服务器交互，对象根据应用的需要和网络的状况既可以分布在客户端，也可以透明地分布在不同的服务器上，客户端对象和服务器端对象共同协作完成一项工作。

（4）Java 和 ActiveX 实现 Web GIS 系统

为了增强客户端浏览器的表现能力，可在浏览器中安装专门的 GIS 插件，这种插件可以增加浏览器处理数据的能力，减少网络流量，在多媒体领域表现得尤为明显。与传统的应用软件类似，插入软件也需要先安装再使用，因而也存在传统软件中不同版本之间的不兼容性及版本管理问题。为了解决上述问题，互联网程序语言应运而生。

目前 Java 和 Actirex 技术又有了新的发展：组件式特性和分布式特性。组件式特性是指软件的开发和维护可以是层次式的，可以不是一次进行的，具有很高的可重用性。在 GIS 应用中，可以将一些基本的功能封装为一个控件，在上面根据实际应用要求构造新的应用。软件的开发采用了一种和传统的线式编程不同的层次式编程方式，即设计完成时并不是一个最终的产品，可以将一个控件无缝地引入，在外围进行新的开发，加入新的功能，产生一个新的控件。Java 语言也支持组件式开发，即 Java Beans。

分布式特性是指组件式开发中，组件可以调用远程组件的方法，这一点对减轻服务器负担、实现网络负载平衡有很大的好处。在 Java 中是使用 RMI，在 ActiveX 中由于自身支持 DGOM 标准，可以实现远程过程调用。

（四）TGIS（旅游地理信息系统）

旅游业具有和地理位置极其密切的关系，旅游景点的分布、旅游服务设施的位置、道路信息等都基于相应的地理坐标和属性。在旅游领域采用 GPS、GIS 技术，是旅游业发展的必然需求。

TGIS 技术是以旅游地理信息数据库为基础，综合、动态地获取、存储、管理、分析和应用旅游地理信息的多媒体信息系统。TGIS 在计算机硬、软件支持下，充分利用 GIS、GPS、RS、可视化等技术手段，具备高效管理地理空间数据、多媒体数据和旅游要素属性数据的能力，能够运用系统工程和信息科学的理论与方法，满足用户（游客及行业管理者）对旅游信息数据直观性、生动性和丰富性的特殊要求，实现旅游咨询、智能导游、旅游信息分析、旅游管理等辅助决策功能。

1.GIS 技术在旅游行业的应用

信息网络正以全球化、数字化的方式和姿态渗透到人们的生活、学习、休闲、医疗等各种社会经济文化活动中，正在悄无声息地推动世界经济乃至社会的全面发展。在这样一种社会信息化浪潮中，信息化成为把控旅游行业命脉的关键因素，GIS 技术在旅游行业的应用也得到快速的发展。

GIS 的可视化地图、空间数据库、空间分析工具以及辅助决策等技术手段，为纷繁复杂的旅游信息处理和应用提供了新的技术手段。GIS 在旅游中的应用主要是将电子地图、Web GIS 等技术相结合，用来呈现旅游资源，可以对地图进行分层显示，对道路、行政区划、重要景点、宾馆酒店、餐馆等多个图层进行叠加。此外，有的 GIS 还提供了地图漫游功能和鹰眼功能，可用鼠标来拖拽移动地图。游客和管理者可通过因特网进行旅游空间信息的浏览、查询、编辑、信息反馈、旅游资源评价、统计和专题制图等。GIS 在旅游业中的应用大体分为以下几个方面。

（1）旅游景点的简介

旅游景点的历史概况、地理位置等资料，包括图片、图像等其他多媒体信息，旅游景点的优势，旅游公告。

（2）地图检索

在地图上选择旅游景区或公交站，可进入相应页面，为游客提供每个公交站通过的公交汽车、地铁等的发车时间等信息；也可根据游客的查询条件搜索出公交线路，游客可根据自身状况选择最优路线。

（3）旅游信息查询

主要描绘旅游景区及营业时间、宾馆介绍、餐馆、购物地区等信息。例如，游客到某一地区游玩的同时，还想买一些当地土特产馈赠给亲朋好友，可以查询当地哪条街哪个店的东西物美价廉，什么地方购物环境好又有特色，这些都是就购物来说最独特的信息。

（4）旅游资源的评价

利用 GIS 和遥感图像的波谱特性，建立相应的解译标志，用目视解译方法在遥感地图上识别不同的旅游资源，对各种不同的旅游资源进行分类，从而清查旅游资源的数量及其分布。

（5）旅游规划

GIS 具有数据存储、处理和管理功能，该功能可以为旅游规划提供基础数据支持。同时，GIS 还具有空间分析功能，利用 GIS 的拓扑叠加功能，通过环境层（地形、地质、气候、交通等）与旅游资源评价图叠加来分析优先规划开发区域。此外，GIS 具有制图功能，利用 GIS 软件可以绘制各种地图，如旅游资源分布图、旅游规划图等。

2.TGIS 的系统架构

TGIS 的本质是计算机应用软件，因此 TGIS 的开发也应遵循计算机软件开发的规律。计算机软件的系统架构是指导软件开发的灵魂，系统架构决定了软件的骨架、布局。在 TGIS 开发中，开发者一般选用下列两类系统架

构：C/S 架构，即 Client/server 客户机 / 服务器模式；B/S 架构，即 Browser/
Server 浏览器 / 服务器模式。

（1）C/S 架构

C/S 架构为客户端 / 服务器的系统架构模式。在 TGIS 中，这类架构的
组成为"旅游地理信息系统客户端 + 旅游地理信息数据服务器"。在此架构下，
系统任务将被合理地分配到 TGIS 客户端和数据服务器端来实现，借由这种
分工模式，减轻系统的通信负担。按照 TGIS 的发展历史，早期大多数 TGIS
都是采用 C/S 形式的两层结构。

使用 C/S 结构的 TGIS 的主要优势在于能够最大限度上发挥出 PC 上客
户端的处理能力，系统处理任务时，在提交给数据服务器之前，绝大多数程
序处理工作都已经在客户端上完成，从而使得 TGIS 客户端响应速度加快。

①具体表现在以下两方面

第一，应用服务器运行数据负荷较轻。一般情况下，C/S 架构的 TGIS
数据库由两部分组成，即客户端程序和数据库服务器。客户端程序承担绝大
部分操作指令的处理任务，而数据库服务器只负责数据的存储和接受客户端
程序的数据调取指令，故而数据库（应用）服务器运行数据负荷较轻。

第二，更为透明清晰的信息数据存储与管理。C/S 架构下，服务器负责
存储数据，而客户端负责管理程序，两者相互独立。针对不同的（已知或者
未知）前台程序下的数据应用规则，由服务器端中集中处理、实现，例如系
统来访者的权限是否允许重复编号等规则。因此，在 C/S 架构下的旅游地理
信息数据库不会杂乱无章，数据的存储与管理各有分工。

② C/S 架构下的 TGIS 有着自己的局限和缺陷

第一，C/S 架构下的 TGIS 的扩展性不强，在移动分布式办公环境日益
普遍的今天，这一缺陷十分致命。此外，客户端的操作系统一般也会有限制，
这对 C/S 架构下的 TGIS 在操作系统的兼容性上有着较高的要求。

第二，C/S 架构维护成本高，且投资大。在对 C/S 架构下的系统进行维
护时，网络管理工作人员需要同时对 TGIS 服务器和 TGIS 客户端进行维护
和管理，导致维护成本很高，维护任务量大。而且 C/S 架构下的 TGIS 客户
端安装需要针对每一台计算机安装特定的客户端软件，这一特殊之处造成系
统的安装和维护工作量的巨大压力和要求。

第三，C/S结构下的TGIS在投入实际使用之前需要针对用户可能出现的不同的操作系统开发不同的客户端版本，这一要求使得这一类架构在软件更新速度飞快的今天前途暗淡。

C/S结构下的TGIS将一些GIS处理功能下载到客户端上执行，也称为"胖"客户端，数据也是下载到客户端本地进行处理。C/S结构适用在内部网，地理数据量不太大、用户对GIS功能有一定理解、分析功能不太复杂的情形。

US结构下的TGIS有两种具体实现方式：下载客户端的地理信息模块、在客户端永久或半永久安装插件应用程序。在下载客户端的地理信息模块的方式中，GIS功能模块可以是一些在客户端运行的小程序，它们在客户需要的时候，根据客户的请求分发到客户端。一旦数据和处理模块从服务器下载到客户端，用户可以独立于服务器方式工作，而不必在互联网上来回传送请求和响应。这种策略在每次启动系统时，都要将必需的数据和小程序下载到客户端，耗时较长。改进方式是将小程序永久或半永久性地安装在客户端，可以下载并永久性地安装一个插件程序到客户端浏览器上，也可以考虑将浏览器的功能加入客户端现有的GIS软件中。

（2）B/S架构

B/S架构是在Web网络环境成熟后快速出现并普及的一种系统结构模式。B/S架构的系统中，服务器端只需安装Oracle或SQL Server等数据库，拥有地理数据和GIS处理模块，提供GIS数据和实时分析，用户使用端通常只要求具有一个浏览器，如IE，可以提交请求和显示结果即可，所以有时也称为"瘦"客户端。系统发布到万维网后，用户通过浏览器发送一个请求，通过互联网发送给万维网服务器，万维网服务器将请求通过一定的接口转交给后台的GIS处理模块，由其处理后经万维网服务器将结果返回，在用户浏览器中显示。相比C/S架构，B/S架构具有以下特点与优势。

第一，更为简易的维护和升级方式。在对B/S架构下的TGIS进行维护和升级时，所有的操作只需要对TGIS服务器进行即可；通过网络连接服务，客户端可以与服务器状态保持实时一致。

第二，浏览器基数巨大，系统使用环境优秀。在个人计算机广泛使用的今天，类似IE浏览器等网络浏览器基本达到100%覆盖，在这种巨大的先天优势下，B/S架构的TGIS让使用环境达到了最优级。

同时，B/S 架构下的 TGIS 依赖的服务器所承担的运行数据的负荷较重，大部分事务逻辑任务和数据的调用均要依赖服务器，倘若服务器突发意外或者遭遇不可抗力之后失效，整个系统将瞬间瘫痪。因此，B/S 架构下的 TGIS 都备有数据库存储服务器，以防万一。

二、LBS

LBS 是指通过电信、移动运营商的无线电通信网络或外部定位方式，获取移动终端用户的位置信息，在 GIS 平台的支持下，使用地理信息为移动终端使用者提供相应服务的一种增值服务。

LBS 首先是确定移动设备或用户所在的地理位置，其次是提供与位置相关的各类信息服务。也就是说，LBS 要借助互联网或无线网络，在固定用户或移动用户之间，完成定位和服务两大功能。

与云计算、大数据和物联网一样，LBS 已经渗透到人类生活的方方面面，一切服务都基于位置。人们的逛街购物、娱乐游戏、工作学习、旅游出行、健康医疗、教育学习等均与地理位置紧密结合起来。

从历史的角度看，基于位置的信息概念并非新鲜事物，它是伴随着移动电话的出现而出现的。在移动设备出现后很长时期内，使用者所接受的服务基本上是被动的、单向的，而不是双向互动的。LBS 的出现为使用者与服务提供者之间的双向通信和交互提供了可能。使用者告知服务提供者其位置信息，服务提供者根据该位置信息，向其提供所需的相关信息。在互联网上，人们不仅可以获得某些相关事件的信息，同样可以获取关于所感兴趣的地点的信息（如餐馆、车站、酒店等），LBS 为使用者提供与其位置相关的信息的服务。

（一）典型的 LBS 系统框架

一个完整的 LBS 系统包含如下几个部分：位置服务平台、内容及地图服务平台、通信网络、移动信息终端等。

1. 位置服务平台

位置服务平台从定位设备获取定位信息，并将定位信息与其他相关信息（如地理信息）相结合提供一种基于位置的综合信息。位置服务平台对接入的服务提供商进行管理，同时包含计费包的计算等非位置服务应用，它是整个定位信息服务的一个关键环节。

2. 内容及地图服务平台

内容及地图服务平台主要包含空间数据库、黄页数据库，交通数据库等其他数据库，它主要为定位信息服务提供与位置相关的信息内容，包含地图、地名、地址、交通路况等各个方面的信息，是整个定位信息服务的主体内容。

3. 通信网络

通信网络由移动通信网络和计算机网络结合而成，两个网络之间通过网关实现交互，移动通信网络主要是移动信息终端与服务中心的链路连接，它是定位信息服务的信息载体与通道，同时也是移动定位的关键组成部分。

4. 移动信息终端

移动信息终端指各种能接入移动通信网络当中的信息终端，包括移动电话、个人数字助理、手持计算机、车载终端等，也可以是通过 Internet 通信的台式计算机。

（二）LBS 系统的关键技术

LBS 系统建立在 GIS 基础平台之上，提供定位和服务功能，涉及的技术范围非常广泛，如 GPS 定位、基站定位、加速度传感器、网络通信、增强现实、地理坐标转换、移动操作系统等。下面对定位技术和加速度传感技术做简单介绍。

1. 定位技术

GPS 是目前全球应用最广的定位系统。定位技术是实现 LBS 系统应用的关键技术，主要包括蜂窝基站定位和 Sky-hook Wi-Fi 定位技术，不同的技术适用于不同的信号环境。蜂窝基站定位技术定位，基本原理是通过天线发送信号，寻求离它最近的 4 ~ 5 个基站，进行定位，定位结果并不精确。

Wi-Fi 是室内定位的主要技术。GPS 和基站定位都最多到经纬度，要知道楼层或房间，目前相对靠谱的技术是 Wi-Fi。如果一个用户曾经接入过某个 Wi-Fi 热点，当他再次经过时便可直接接入，即变相告知商家"我出现在这里"。一些互联网公司和运营商已经建立了规模可观的 Wi-Fi 热点 ID 具体地址数据库，通过 Wi-Fi 热点名称即可查到具体位置。

2. 加速度传感器技术

加速度传感器是一种能够测量加速力的电子设备。加速力是物体加速过程中作用在物体上的力，与地球引力（重力）类似。加速力可以是常量，比如 g 也可以是变量。通过测量由于重力引起的加速度，可以计算出设备相对于水平面的倾斜角度；通过分析动态加速度，可以分析出设备移动的方式。

在一些特殊的场合和地貌，如隧道、高楼林立的城市、丛林地带，GPS 信号会变弱甚至完全消失，即所谓的"死角"。通过加装加速度传感器及通用的惯性导航，可以进行系统死区的测量。对加速度传感器进行一次积分，可以得到单位时间里的速度变化量，从而监测在死区内物体的移动。如在智能手机中广泛内置的三轴陀螺仪，可以测定在空间坐标系三个方向轴上的加速度分量，进而通过三个方向的加速度积分计算出三维速度和位置，我们便可以知道自己"在哪儿"和"去哪儿"。

三、基于 GIS 和 LBS 的旅游应用发展

LBS 的创业热潮，"街旁"等以签到为核心的产品应运而生，这一个阶段的 LBS 创业更多是从商家精准营销的目标出发，未能抓住用户刚需，现在大都已难觅踪迹。以"陌陌"为代表的、以微信"附近的人"跟进的 LBS+SNS 的应用开始出现，并最终走向成功，娱乐和社交成为 LBS 最成熟的应用。

到了今天，LBS 的应用维度逐渐扩大到社交、出行、物流、资讯、智能硬件、O2O 等领域，很多 App 都需要读取用户位置信息：新闻客户端需要根据用户位置推送本地新闻，酒店需要根据用户位置搜索附近酒店，团购 App 需要告诉用户附近优惠，打车 App 需要知道用户所在的位置，手机游戏需要结合定位做一些线下交互。随着通信基础设施、智能终端和位置传感器功能的加强，以及移动互联、云计算和大数据技术的提高，越来越多的本地化通过接通地图厂商提供的 API 实现定位、导航等服务。

旅游具有明显的移动特性和地理属性，与地理信息系统和 LBS 的结合非常切合，在旅游领域的"LBS+ 团购""LBS+SNS""LBS+ 点评"等形式的服务与营销应用不断推陈出新，作为基于地理信息系统和基于位置服务的移动电子导游旅游服务正在加速智慧旅游的建设进程。

对游客而言，移动电子导游将会带来更好的旅游体验。移动电子导游通过智能移动终端定位获得游客的位置数据后，根据游客所在时间点和空间点，除了帮助游客自动获得景点讲解和一些增强现实的景区景点信息，还能

给出游客下一步行动的建议和选择方案，如附近哪里有电影院，将放映什么电影是游客可能感兴趣的，哪里有游客喜欢的书，哪里有游客喜欢吃的菜，机场会不会晚点，如果已经晚点，下一班是几点、提醒通知、行程时间管控、即时预订、当地推荐通知及商家打折促销信息、支付与电子检票等游客在旅游过程中的问题，几乎都可通过对移动电子导游系统的简单操作来实现。

第六节 人工智能技术

一、人工智能的概念

人工智能是模拟、延伸和扩展人的智能理论、方法、技术及应用系统的技术科学，它由机器学习、计算机视觉、数据挖掘、专家系统、自然语言处理、语音处理、知识库系统、神经网络、遗传算法等不同的领域组成，涵盖由机器、系统实现的与人类智能有关的各种行为及思维活动，如判断、推理、证明、识别、感知、理解、设计、思考、规划、学习等。

人工智能目标之一是使机器能够胜任甚至超越一些通常需要人类智能才能完成的"复杂工作"。从 20 世纪 50 年代 AI 诞生至今，不同的时代、不同的人对这种"复杂工作"的理解是不同的。今天的携程、去哪儿、穷游、蚂蜂窝等在线旅游相关公司提供的是"信息工具"，即通过互联网为用户聚合了大量旅游信息，通过网络进行查询、比价、预订等复杂工作。

从不同的角度来看，人工智能有多种不同的解释。从人工智能所实现的功能看，人工智能是智能机器所执行的通常与人类智能有关的功能，如判断、推理、证明、识别学习和问题求解等思维活动；从实用的观点看，人工智能是一门知识工程学，它以知识为对象，研究知识的获取、知识的表示方法和知识的使用；从能力的角度看，人工智能是指用人工的方法在机器（计算机）上实现的智能；从学科的角度看，人工智能是一门研究如何构造智能机器或智能系统，使它能模拟、延伸和扩展人类智能的学科。

上述说法均反映了人工智能的基本思想和基本内容，即像人一样思考的系统，具有理智思维的系统，像人一样行动的系统，具有理智行为的系统。

二、人工智能核心技术

人工智能技术研究如何让计算机完成以往需要人的智力才能胜任的工

作，也就是研究如何应用计算机来模拟人类某些智能行为的基本理论、方法和技术，涵盖语言的学习与处理、知识表现、智能搜索、推理、规划、机器学习、知识获取、组合调度问题、感知问题、模式识别、逻辑程序设计、软计算、不精确和不确定的管理、人工生命、神经网络、复杂系统、遗传算法、人类思维方式、机器的自主创造性思维能力的塑造与提升等多个技术领域。

（一）专家系统（Expert System, ES）

专家系统是依靠人类专家已有的知识建立起来的知识系统，是一类具有专门领域内大量知识与经验的计算机智能程序系统。它采用人工智能中的推理技术，运用特定领域中专家提供的专门知识和经验来求解和模拟通常由专家才能解决的各种复杂问题，其水平可以达到甚至超过人类专家的水平。

专家系统的关键在于表达和运用专家知识，专家知识是指来自人类专家的，且已被证明能够解决某领域内的典型问题的有用的事实和过程。

不同领域与不同类型的专家系统的体系结构和功能是有一定的差异的，但它们的组成基本一致。通常情况下，专家系统由人机交互界面、知识库及其管理系统、推理机、解释器、综合数据库及其管理系统、知识获取机构等6个部分组成。

1. 人机交互界面

人机界面是系统与用户进行交流时的界面，用户通过该界面输入基本信息、回答系统提出的相关问题，系统通过该界面输出推理结果及相关解释。

2. 知识库及其管理系统

知识库是问题求解所需要的领域知识的集合，包括基本事实、规则和其他有关信息。知识的表示形式是多种多样的，包括框架、规则、语义网络等。知识库中的知识源于领域专家，是专家系统的核心组成部分，是决定专家系统能力的关键，即知识库中知识的质量和数量决定着专家系统的质量水平。一般来说，专家系统中的知识库与专家系统程序是相互独立的，用户可以通过改变、完善知识库中的知识内容来提高专家系统的性能。

3. 推理机

推理机是实施问题求解的核心执行机构，是对知识进行解释的程序，它根据知识的语义，对按一定策略找到的知识进行解释执行，并把结果记录到动态库的适当空间中。推理机的程序与知识库的具体内容无关，即推理机和知识库是分离的，这是专家系统的重要特征。它的优点是对知识库的修改无须改动推理机，但是纯粹的形式推理会降低问题求解的效率。将推理机和知识库相结合也不失为一种可选方法。

4. 知识获取机构

知识获取负责建立、修改和扩充知识库，是专家系统中把问题求解的各种专门知识从人类专家的头脑中或其他知识源转换到知识库中的一个重要机构。知识获取既可以采用手工的方式，也可以采用半自动知识获取方法或自动知识获取方法。

5. 综合数据库及其管理系统

综合数据库也称为动态库或工作存储器，是反映当前问题求解状态的集合，用于存放系统运行过程中所产生的所有信息，以及所需要的原始数据，包括用户输入的信息、推理的中间结果、推理过程的记录等。综合数据库中由各种事实、命题和关系组成的状态，既是推理机选用知识的依据，也是解释机制获得推理路径的来源。

6. 解释器

解释器用于对求解过程做出说明并回答用户的提问。两个最基本的问题是"Why"和"How"。解释机制涉及程序的透明性，它让用户理解程序正在做什么和为什么这样做，向用户提供了关于系统的一个认识窗口。在很多情况下，解释机制是非常重要的，为了回答"为什么"得到某个结论的询问，系统通常需要反向跟踪动态库中保存的推理路径，并把它翻译成用户能接受的自然语言表达方式。

与传统的计算机程序上不同，专家系统强调的是知识而不是方法，以知识库和推理机为中心而展开的，即"专家系统 = 知识库 + 推理机"。很多问题没有基于算法的解决方案或算法方案太复杂，可以利用人类专家拥有的丰富知识，模拟专家的思维来解决问题。

（二）机器学习（Machine Learning）

人工智能从以"推理"为重点到以"知识"为重点，再到以"学习"为重点，有一条自然、清晰的脉络。学习是一个有特定目的的知识获取过程，它的内部主要表现为新知识不断建构和修改，外部表现为性能的改善。机器学习的过程从本质上讲，就是学习系统把导师（或专家）提供的信息转换成能被系统理解并应用的形式的过程。机器学习在现实生活中的很多方面都有应用。机器学习应用在数据分析领域就是数据挖掘，比如识别垃圾邮件、购物网站的推荐系统等；机器学习应用在图像处理领域就是机器视觉，比如自动驾驶汽车、人脸识别等。

机器学习使用计算机模拟或实现人类的学习活动，是使机器具有智能的根本途径。机器学习系统通过获取知识、积累经验、发现规律，使系统性能得到改进，系统实现自我完善、自适应环境。

机器学习可以进一步细化为5个基本流程：第一，收集数据。收集训练模型所需要的相关数据。第二，准备和清理数据。保证收集数据的质量，处理一些数据的问题，如缺失值和极端值。第三，训练模型。选择适当的算法构建模型，将数据分为训练集、交叉集和测试集。第四，评估模型。利用交叉集来评估模型的质量，利用测试集来评估模型的通用性。第五，优化模型性能。其中，模型的选择、评估和优化对于找出一个好的模型来说是十分必要的，每种机器学习算法都有它们的应用范围，需要针对不同的情况加以区分和选择。模型的优化和评估对于提高模型的准确度有很大的帮助。

（三）模式识别（Pattern Recognition）

模式识别是指对表征事物或现象的各种形式的（数值的、文字的和逻辑关系的）信息进行处理和分析，以对事物或现象进行描述、辨认、分类和解释的过程，它是信息科学和人工智能的重要组成部分。

首先，使用各种传感器把客观对象的各种物理变量转换为计算机可以接受的数字或符号集合，采集客观对象的信息特征，如指纹、人脸、语音等生物信息。依照采集生物信息特征源的不同，模式识别传感器有指纹采集器、人脸采集摄像头、语音采集麦克风等。

其次，对传感器采集的信息进行消除噪声、排除不相干的信号，以及与对象的性质和采用的识别方法密切相关的特征的计算、必要的变换等操作处理，抽取出对识别有效的信息，实现特征数据的数值表示。

最后，根据建立的模式识别模板，进行模式识别比对，即把模式识别特征采样的样板与模板比较，输出识别的结果。

按模式识别信息的采集方式，可以把模式识别分为两类：第一，直接采集生物信息特征的模式识别。直接采集生物信息特征的模式识别只需要使用普通传感器就可以进行，例如指纹、人脸、语音的生物信息特征模式识别。第二，间接采集生物信息特征的模式识别。间接采集生物信息特征的模式识别需要使用特殊的传感器，甚至还需要化验技术才可以进行，例如 DNA 图谱识别。

（四）人工神经网络

人工神经网络是一种基于人脑与神经系统的研究启发所开发的信息处理技术，它具有人脑学习、记忆和归纳基本特性。人脑的学习系统是由相互连接的神经元组成的异常复杂的网络，人工神经网络与人脑大体相似，也是由一系列简单的单元相互密集连接构成的。大脑中的一个神经元就是一个极其复杂的机器，即使在今天，我们仍然无法完全理解。而神经网络中的一个神经元只是一个极其简单的数学函数，它只能获取生物神经元复杂性中极小的一部分。整个神经网络包含一系列基本的神经元，通过权重（weight）相互连接的节点层组成，单个节点被称为感知器（perceptron）。在多层感知器（MLP）中，感知器按层级排布，层与层之间互相连接。

在 MLP 中有 3 种类型的层，即输入层（Input-layer）、隐藏层（Hidden-layer）和输出层（Output-layer）。输入层用于接收输入；输出层是神经网络的决策层，可以包含一个分类列表或输入模式可以映射的输出信号；隐藏层用于提取输入数据中的显著特征，调整输入的权重，直到将神经网络的预测误差降至最小。隐藏层一般为 1 ~ 2 层，而深度神经网络具有大量隐藏层，有能力从数据中提取更加深层的特征。多层深度学习算法直接影响了神经网络的学习效率，好的学习算法可以有效降低神经网络的传递误差，加速收敛。

人工神经网络以建立数值结构（含加权值的网络）来学习，通过"学习循环"，持续修正类神经网络神经元权重，使输出值越来越接近真值。深度学习技术被广泛使用在不同的系统中，包括基于 Nuance Communications 技术的 Apple Siri 智能个人助手及 Google 街景的地址识别系统。

人工神经网络所具有的学习能力，使它可以不依赖专家的头脑而自动从已有实验数据中总结规律。因此人工神经网络擅长处理复杂多维的非线性问题，不仅可以解决定性问题，也可解决定量问题，同时还具有大规模并行处理和分布的信息存储能力，具有良好的自适应性、自组织性以及很强的学习、联想、容错能力和较好的可靠性。

三、人工智能技术的智慧旅游应用

从信息化到智能化、用机器替代人工是各个行业的必然趋势。人工智能技术在智慧旅游体系中有着广泛的应用前景，旅行者在使用手机预订或者做旅游度假计划时，会使用地图导航、搜索餐厅、目的地活动和酒店等，旅游企业和品牌广告商在合适的时机，向旅行者展示与其搜索内容相关的个性化广告，并运用动态展示广告和创意优化（DCO）更好地提升广告效果。携程已经在呼叫中心逐步应用人工智能技术，利用机器与客人沟通交流，帮助客人解决问题；北京新新人类机器人公司推出了 5 款酒店专用机器人——大堂迎宾机器人、酒店前台自助机器人、楼层运送物品机器人、客房交互机器人、大堂问询及翻译机器人，为酒店行业解决招人难、用人难、人工成本高的问题。

具体而言，人工智能技术在智慧旅游的应用具体体现在以下 6 个方面。

（一）旅游信息的收集、搜索及推送

利用人工智能中的模式识别和自然语言处理技术收集旅游活动过程中的各种事物信息及图片、语言信息，然后利用智能推理中的搜索及计算机视觉功能对信息进行对比分析，最后通过数据挖掘和智能控制等手段将旅游信息准确传送给游客，以便游客制定个性化的旅游行程。

利用人工智能技术，将旅游目的地的基本信息、游客目的地评价信息、游客个性化行程安排信息和游客旅途中交通服务信息等全面收集，对信息进行排名，在通过大数据分析掌握游客个性需求的基础上，根据游客的具体情况，综合考虑机票酒店信息及推荐原则、城市顺序及天数安排、景点及顺序、多种类型交通、商品方案组合等，在多个百万级别的分类数据里以毫秒级时间向游客推荐最优方案。

另外，也可通过人工智能技术，向旅行者推送与旅行者所在地和其搜索活动相关度极高的广告服务信息，实现旅游的精准营销。

（二）旅游解说系统的智能化

随着自然语言处理、模式识别等技术的不断发展，计算机可以更好地在知识层面理解信息，从而为游客提供基于知识的全面服务，尤其是对旅游解说系统的促进作用。

首先，以自然语言处理和语音处理为基础的在线翻译、拍照翻译、语音翻译、增强现实翻译等多功能翻译软件，特别是移动语音翻译软件，为大众出境旅游提供了更多便利。

网易有道全新推出的有道翻译官，新增了多语种的语音翻译和拍照翻译，在旅游过程中，游客打开手机，只需将摄像头对准外文路标、广告牌、指示语、菜单等，有道翻译官就会立即完成主动识别和翻译文字，并利用增强现实技术将翻译出来的内容完全覆盖在原有文字上，而其他场景不会发生任何变化。

其次，自助导览程序会替代导游引导及讲解工作。人工智能不仅广泛传播知识层面的信息，而且为游客提供丰富的自助导览系统，同时帮助游客选择当地人喜爱的餐馆、演出活动，显示商店营业时间、交通等诸多信息，通过计算机视觉和增强现实技术准确无误进行导航和互动。

最后，利用智能语音技术，人工智能会通过机器人智能语音与游客进行交流，为游客进行餐馆推荐、天气预报和设定提醒等服务。

（三）预测游客数量，提高景区管理质量

预测是人工智能技术最重要的功能之一。目前，人工智能技术完全可以满足旅游目的地、旅游景区游客数量的预测功能，可以使用的人工智能方法包括粗糙集方法、遗传算法、模糊时间序列、灰色理论、人工神经网络模型、三次多项式模型、支持向量回归等，结合计算机视角、模式识别等技术的自动监控系统可以智能分析区域范围内的游客数量、游客密度、游客空间分布特征及景区饱和情况等，进而根据实际情况和模型预测作出合理的管理决策。

（四）服务方式的变革

随着专家系统、知识理解、自然语言处理等技术的不断进步发展，改变了旅游预订和呼叫系统。未来呼叫中心、旅客问答可以实现计算机第一界面和游客进行互动，允许游客通过自然的描述性语言来搜索或者提问，并通过游客位置信息、个性化偏好信息等，由系统为游客提供更准确的服务信息。

很多酒店集团开始引入酒店机器人，客人进入酒店大堂后，迎宾机器人可以提供办理会员卡、识别会员身份、接受问询、前台引领等服务。前台自助机器人能够知道客人的身份并为客人提供自助办理入住、自助选房、移动支付、交付房卡等服务。客房机器人可以知道入住该房间的客人姓名、性别，提供酒店的优惠、酒店文化、客房功能服务等信息，音乐、故事、新闻、叫早、电器灯光语音控制、呼叫服务等服务。送物品的机器人会根据指令，独立乘坐电梯到达指定楼层，找到指定房间，并向客房内的机器人发送信息，由客房机器人提醒客人开门取物。

（五）旅游线路规划的智能化

在现实旅游活动中，人们经常利用电子地图服务中的线路搜索功能，通过输入起点和终点的方式来获得交通建议。由于几十类旅行和多种商品信息，例如机票、酒店、签证、保险、租车等，以及目的地相关信息，例如游记、交通、餐厅、景点、汇率等，存在天然的信息不对称，游客期待能有包括从出发到返回全过程的一站式解决方案，随着人工智能技术的发展，旅游线路智能的规划几乎可以在毫秒级别内生成完整行程，如"玩美自由行"App可以实现好玩又实用的出境游行程规划。

（六）提高旅游行政管理效能

人工智能技术对信息的收集、对比和处理分析能力在旅游行政管理方面具有诸多优势。人工智能技术中的神经网络模型、智能调度等方法在旅游行业监管调度、突发事件预警，特别是结合物联网技术、云计算技术对于景区环境监测、森林火灾预警、区域旅游可持续发展意义重大。信息技术的全面进步对于提高文化和旅游部或旅游景区行政管理效能具有重要促进作用。总之，可以利用数据挖掘、机器学习、搜索等技术，自动分析、展现旅游信息，利用自然语言处理、模式识别等技术实现自动翻译、自助导览、精准营销等服务，利用预测模型、推理技术进行旅游需求分析、决策等，为旅游监管部门提供更有效、准确的监管手段，结合其他技术可以为游客提供更真实的旅游体验。

第三章 智慧旅游管理

第一节 智慧旅游城市管理

一、基于大数据的旅游公共管理与服务的运行框架构建

随着我国智慧旅游试点城市的推进，一些地方亦开始涉足数据服务的智慧应用。例如成都智慧旅游数据中心集智能搜索、多屏同源、统计分析等功能于一体，为游客提供景区、线路、导航等全方位的信息服务；山东省则整合公安、交通运输、环保、国土资源、城乡建设、商务、航空、邮政、电信、气象等相关方面涉及旅游的数据，同时与百度、谷歌、淘宝等主要网络搜索引擎和旅游电子运营商合作，建立社会数据和旅游及相关部门数据合一的旅游大数据资源，推行旅游的数字化管理，开展数字化营销，利用大数据实施科学考核。

智慧旅游城市管理在决策模式上的转变具体体现在以下几个方面：

（一）统计调查方法及评测模式的转变

摒弃以往原始的发放问卷、抽样调查的方式，普遍开展全样本的数据采集与相关分析，从大量繁杂的数据中发现事物的本质。如对于游客满意度的测量，直接采用问卷调查的方式，则不可避免地会纳入一些主观因素而使得评价不客观，而采用舆情分析，即可全面收集游客满意度的相关指标，通过对游客微博的言论及对酒店、景区的评论、投诉，做语音分析、语义分析，提取关键词，建立模型与规则，自动识别游客反映的需求或问题，进而发现潜在的问题，预先做舆论向导，最终提高游客的满意度。

（二）通过构建模型进行事先预测，提高预测需求和供应变化的能力

国内外已有很多关于旅游需求预测的文献以及模型方法，旅游业对经

济发展有重要的贡献作用，因而行业管理者、科学研究人员、规划师、行业从业者等都非常关注对于旅游需求的预测，因为准确的计划能够降低未来决策的风险。从宏观层面上说，精确的预测结果能够辅助一个目的地来预测游客对地方经济、文化与环境的贡献度与影响，政府部门可以据此进行合理的预算以保障旅游设施的有效规划、布局与维护。因此，精确的计划可以最小化由于过度的供应或供应不足而造成的经济损失。

（三）对突发事件进行快速跟踪和响应

大数据具有明显的"3V"特征，即量级（Volume）、速度（Velocity）、多样性（Variety）。大数据处理的速度之快使得它有对突发事件进行迅速影响的能力。如可通过空间地理数据迅速定位事件发生的地点，了解事件发生周边区域的人口、经济状况，按照道路等级情况、医疗卫生机构分布情况、伤员总数等信息，选择实施救援路线及伤员如何就近分散到相关医疗机构，根据坡度和土地利用数据综合使用进行平坦区避难场所的分析、选择等。这些都依赖于对大量数据的采集与实时的分析。

（四）利用深度挖掘提高对行为变化的理解与判断，防范危机于未然

利用大数据内容的多样性，从多源的数据、大量的数据、结构化及半结构化的数据中进行深度的数据挖掘分析，找出相关性，揭示危机预警信号，防患于未然。

在当前云计算、物联网、移动计算等新兴信息技术的支持下，在社交媒体、协同创造、虚拟服务等新型应用模式的持续推进下，这些技术和应用如何服务于旅游产业的变革升级，如何在旅游行业的公共管理中开展思维转型与管理创新，从而为大数据在旅游公共管理与服务中的应用提供研究思路与解决方案，有效提高旅游公共管理与服务的效率与质量，推进我国旅游公共服务事业的可持续发展，是一个将新兴信息技术应用与政府公共管理相结合的综合性工程。这里有对以大数据为核心的技术应用的研究，更多的是如何搭建整个服务于旅游公共管理事务与决策的大数据平台，探讨其应用的内容与流程，从而为管理的创新服务。出于对旅游行业公共管理的需求，我们构建了基于大数据的旅游公共管理与服务的运行框架。在这一运行框架中，我们可以抽取出其关键要素，主要包括标准体系、技术支撑平台、数据源、大数据应用、可持续运营机制等。

1. 标准体系

为了便于信息的统一、规范、共享、高效检索与传输、交换等，需要制定一系列的标准，使系统具有统一的数据描述、一致的技术结构、相同的对外服务接口，以便于系统平台的扩展以及与异构平台的对接。旅游公共管理与服务的标准体系主要包括用于规范数据采集与著录及数据存储的相关元数据标准、行业标准、技术标准、服务标准等。

2. 数据源

用于旅游公共管理与服务的数据源可分为 3 类：第一类是政府管理的数据，主要包括政策数据、统计数据、法律法规数据、公共管理数据等；第二类是旅游者数据，包括基于位置服务的数据、网络搜索行为数据、网站浏览历史数据、UGC 数据、人口特征数据（个人基本信息）等；第三类是行业数据，主要包括行业资源数据、地理空间数据、行业管理数据、企业诚信数据、导游资历数据、出入境团队数据等。而这些数据将可能来自现有的信息系统（如电子政务系统、旅行社管理系统、导游管理系统、饭店统计管理系统、景区管理系统、统计与财务系统等）、机器生成/传感器数据（如呼叫记录、网络日志、设备日志等）、社交数据（如旅游评论类网站、微博等）。

3. 大数据的应用

大数据的应用是框架的关键，应用决定需求，需求决定分析方法与表现形式，不同的应用有着对数据不同的要求。从某种意义上来讲，应用的创新即意味着管理与服务的创新。旅游公共管理与服务的大数据应用即可以包含诸如旅游安全应急、旅游流预测报警、旅游资源承载力监控、旅游环境监控以及旅游公共信息服务等。

4. 可持续运营机制

主要包括数据采集的长效机制、数据及时被处理和利用并反馈的循环效应保障、配套的管理运行机制、系统的运维体系保障、持续的资金支持等。

二、智慧旅游公共服务平台的建设内容

（一）制度体系建设

制度体系由运营主体、运营机制、监督管理和保障体系组成，是智慧旅游公共服务平台体系的基石，是保障平台健康、有序运行的前提和基础。制度体系必须建立既有政府依托背景又能市场化运营的实体，确保政府支持协调旅游行业发展的政策得到充分实施的同时，智慧旅游又能按市场化的要求健康快速发展。制度体系建立健全且适合智慧旅游发展的运营机制，明确政府旅游主管部门、智慧旅游平台运营商以及各类旅游服务提供商等各方的职责，做到优势互补、责权利明确。制度体系完善政府对旅游全行业的监督管理，重点在旅游服务质量、规范经营以及跨部门协调等方面发挥主体作用，在人才、技术、资金等给予充分保障，满足智慧旅游的发展需要。

（二）基础设施体系建设

基础设施体系由信息采集和传输技术、旅游卡终端、中间件系统构成，是支撑各项智慧旅游业务运行的基础保障，需要在现有设施的基础上进一步优化网络系统、计算机硬件、存储设备等，以保证网络带宽和网络传输的稳定可靠；研发和配备智慧旅游卡应用终端，不断完善相关功能，提高安全性和可靠性，开发智慧旅游中间件系统，实现多系统和多应用程序的互联互通。

（三）综合数据库系统

综合数据库系统是智慧旅游服务体系的"血液"，由基础数据库、用户数据库、服务数据库和监管数据库构成。基础数据库包括吃、住、行、游、购、娱等各方面的基本旅游信息，以及地理、交通、语言、特殊风俗习惯等旅游相关信息；用户数据库主要包括游客信息、旅游从业人员信息和旅游企业信息，游客信息包含前来本地和从本地出发前往外地的游客信息数据，旅游从业人员信息包含旅游业管理人员、旅行社工作人员、景区工作人员等信息，旅游企业信息包含景区、旅行社、酒店、餐饮和购物场所等各类旅游企业的信息；服务数据库包含一系列业务数据，包括平台交易产生的交易数据、企业诚信监督数据等；监管数据库包含旅游活动中监测的各项信息数据，包括游客流量统计数据、旅游车辆实时定位数据、景区环境监测指标数据等。

（四）共享服务系统

共享服务系统涵盖了信息共享平台、数据交换平台和应用整合平台，实现跨部门、跨系统的信息交换和共享，主要由用户界面层、应用支持层和信息服务层构成。通过不同部门、不同层级之间的业务协同和数据交换，内外部信息系统之间的数据交换需求被系统满足，并对旅游信息进行整合。建设公共云、政务云和企业云，分别实现为游客及社会公众提供全方位公共信息服务，为政府提供旅游业相关监督管理数据，为旅游企业提供完整的电子商务服务等一系列功能。此外，制定并实施信息资源共享与交换的管理办法，建立信息资源共享交换长效机制，推进公共服务平台的建设。

（五）应用体系

应用体系是智慧旅游公共服务平台的"灵魂"，是平台实现各种业务功能的关键所在。应用体系主要由智慧服务系统、智慧营销系统、智慧管理系统和智慧政务系统组成，为游客、政府和旅游企业提供旅游服务入口，以便提供全方位的旅游服务。

（六）服务体系

服务体系是智慧旅游公共服务平台实现价值的基本保证，它通过各类电脑设备、智能通信终端以及传真等方式为各类服务对象开展各种业务提供全面的支持。服务体系为各类参与主体提供支持，针对游客主体、导游主体、游客运营主体、配套服务主体、金融服务主体以及监管服务主体等提供针对性和专业化的服务，构筑旅游智慧服务的新模式，为智慧旅游服务的各类参与主体创造最大的价值。

（七）标准规范体系

标准规范体系是我国旅游信息化发展的主要障碍之一。各省级智慧旅游公共服务平台建设和运营需要制定省级、市级、县（区）级三级旅游局智慧旅游公共服务平台管理规范、游客服务与管理规范、导游服务与管理规范、旅游企业信息发布规范、电子商务交易规范、在线支付管理规范、12301旅游热线管理规范等，以保证智慧旅游建设的效果和利益。

（八）信息安全与运营管理体系

信息安全与运营管理体系是平台健康发展和长期安全可靠运行的重要保障。信息安全不仅仅是提升信息技术途径的使用安全，同时要加强信息管理，从这两方面出发，构建一个健康的信息环境。运营管理要注重平台建设、运营人员和建设资金的管理，使得公共服务平台能够健康、可持续运营。公共服务平台信息安全与运营管理体系的建设主要内容包括智慧旅游信息安全管理规范、智慧旅游公共服务平台运营管理办法等。

第二节 智慧景区管理

一、智慧景区的概念与特征

（一）智慧景区的概念

景区能够通过智能网络对景区地理事物、自然资源、旅游者行为、景区工作人员行迹、景区基础设施和服务设施进行全面、透彻、及时的感知；对游客、景区工作人员实现可视化管理；优化再造景区业务流程和智能化运营管理；同旅游产业上下游企业形成战略联盟，实现有效保护遗产资源的真实性和完整性，提高对旅游者的服务质量；实现景区环境、社会和经济的全面、协调和可持续发展。

（二）智慧景区的内涵

广义的智慧景区是指科学管理理论同现代信息技术高度集成，实现人与自然和谐发展的低碳智能运营景区。这样的景区能够更有效地保护生态环境，为游客提供更优质的服务，为社会创造更大的价值。狭义的智慧景区是智慧景区的完善和升级，指能够实现可视化管理和智能化运营，能对环境、社会、经济三大方面进行更透彻的感知、更广泛的互联互通和更深入的智能化的景区。狭义的智慧景区强调技术因素；广义的智慧景区不仅强调技术因素，还强调管理因素。

广义的智慧景区内涵丰富，主要包括以下几个方面：1. 通过物联网对景区全面、透彻、及时地感知；2. 对景区实现可视化管理；3. 利用科学管理理论和现代信息技术完善景区的组织机构，优化景区业务流程；4. 发展低碳旅游，实现景区环境、社会、经济的全面、协调、可持续发展。

（三）智慧景区的"智慧"

智慧景区的"智慧"体现在旅游服务的智慧、旅游管理的智慧和旅游营销的智慧这三大方面。

1. 旅游服务的智慧

智慧景区从游客出发，通过信息技术提升旅游体验和旅游品质。游客在旅游信息获取、旅游计划决策、旅游产品预订支付、享受旅游和回顾评价旅游的整个过程中都能感受到智慧景区带来的全新服务体验。

智慧景区通过科学的信息组织和呈现形式让游客方便快捷地获取旅游信息，帮助游客更好地安排旅游计划并形成旅游决策。

智慧景区通过基于物联网、无线技术、定位和监控技术，实现信息的传递和实时交换，让游客的旅游过程更顺畅，提升旅游的舒适度和满意度，为游客带来更好的旅游安全保障和旅游品质保障。

智慧景区还将推动传统的旅游消费方式向现代的旅游消费方式转变，并引导游客产生新的旅游习惯，创造新的旅游文化。

2. 旅游管理的智慧

智慧景区将实现传统旅游管理方式向现代旅游管理方式转变。通过信息技术，可以及时准确地掌握游客的旅游活动信息和旅游企业的经营信息，实现旅游行业监管从传统的被动处理、事后管理向过程管理、实时管理转变。

智慧景区将通过与公安、交通、工商、卫生、质监等部门形成信息共享和协作联动，结合旅游信息数据形成旅游预测预警机制，提高应急管理能力，保障旅游安全。实现对旅游投诉以及旅游质量问题的有效处理，维护旅游市场秩序。

智慧景区依托信息技术，主动获取游客信息，形成游客数据积累和分析体系，全面了解游客的需求变化、意见建议以及旅游企业的相关信息，实现科学决策和科学管理。

智慧景区还鼓励和支持旅游企业广泛运用信息技术，改善经营流程，提高管理水平，提升产品和服务竞争力，增强游客、旅游资源、旅游企业和旅游主管部门之间的互动，高效整合旅游资源，推动旅游产业整体发展。

3. 旅游营销的智慧

智慧景区通过旅游舆情监控和数据分析，挖掘旅游热点和游客兴趣点，引导旅游企业策划对应的旅游产品，制定对应的营销主题，从而推动旅游行业的产品创新和营销创新。智慧景区通过量化分析和判断营销渠道，筛选效果明显、可以长期合作的营销渠道。智慧景区还充分利用新媒体传播特性，吸引游客主动参与旅游的传播和营销，并通过积累游客数据和旅游产品消费数据，逐步形成自媒体营销平台。

二、智慧景区系统的总体构成

智慧景区系统的建设首先要构建数据中心，沟通服务端和使用端，因此它包括 3 个大的部分：服务端、使用端、数据中心。三部分通过互联网 / 物联网相互联结。

服务端是直接或间接为旅游者提供服务的企事业单位或个人，如政府管理部门、相关部门、咨询机构、旅游企业等；使用端为广大的旅游者，拥有能够上网的终端设备，尤其是超便携上网终端（如平板电脑和智能手机）；数据中心由大量存储有各类旅游信息的服务器组成，由专门的机构负责进行数据的维护和更新。

数据中心是智慧景区的云端，可以称为"旅游云"，将服务端和使用端联系起来。海量的旅游信息处理、查询等计算问题由数据中心自动完成，这就是智慧景区中的云计算。服务端将自己的各类信息及时放在数据中心；使用端根据自己的要求，从数据中心提取信息，需要服务时可以与服务端进行交换，使用端可以直接向服务端付费（网上银行、现场付费），也可以通过数据中心付费（类似于支付宝）。

通过使用端软件平台，智慧景区中的旅游信息以主动弹出的方式出现，配以网络地图，能够让旅游者知道这些旅游服务在什么地方可以得到，距离自己多远，甚至知道某个酒店还有多少房间，某个景点需要排队多长时间。这样不会遗失某些旅游信息和服务（如景点、旅游活动），也不会由于信息不全而采取了不恰当的行为（如走错路、排错队）。在多点触控的超便携终端（如平板电脑、智能手机）上，轻点手指即可展开详细信息。主动显示旅游信息，摆脱了输入关键词查询的不便之处，尤其是有许多旅游信息在你身边的时候，无法一一去查询这些信息。

三、建设目标

通过智慧景区建设，做好 3 个服务：服务游客、服务主管部门和景区、服务企业，从而提高旅游业务的综合管理和运营能力，创建优质的旅游生态环境，提升旅游的服务品质，进而推动地区旅游经济的快速、健康发展。

（一）服务游客

通过智慧景区建设，将旅游带动地区经济发展所涵盖的六大元素（即行、食、住、游、娱、购）进行有序的整合，为游客提供便捷的服务，使旅游经济效应最大化。

（二）服务主管部门和景区

通过智慧景区建设，提高旅游生态环境监测和保护的能力，提高对游客及工作人员的安全监测和保护能力，提高对景区综合管理监控能力，提高旅游业务的营销和服务能力。

（三）服务企业

通过智慧景区建设，使企业经营与地区旅游更有效地结合，拓展企业的营销宣传渠道，为企业发展创造更多机遇。

四、智慧景区的建设原则

智慧景区建设是一个复杂的系统工程，景区应结合自身特点，既要因地制宜，又要兼顾大局，统一标准，规范建设。为实现全行业管理和旅游资源的有效整合，形成管理合力和规模效应，在建设过程中，应共同遵循以下建设原则：

总体部署，分步实施：景区要按照总体部署，做好智慧景区建设总体方案编制工作，根据自身实际情况制定近期和远期建设目标，分阶段逐步实施，确保智慧景区建设取得成效。

统一标准，保障共享：智慧景区重点建设项目，要按照统一标准，实施规范建设，确保实现行业管理的信息共享。

整合资源，集约发展：智慧景区涉及全行业资源的整合，需要统一协调和组织建设，打造行业品牌，形成管理合力，实现规模效应。

突出重点，先急后缓：景区要根据自身实际情况，制订切实可行的智慧景区建设总体方案。按照突出重点、先急后缓的原则，优先建设景区资源保护和经营管理需求迫切、投资小见效快的重点建设项目。

实用可靠，适度先进：系统建设要注重实效，在技术选型方面要注意选择技术成熟度好、实用可靠并适度先进的技术。避免盲目引用不成熟的新技术，造成建设资金浪费。

创新机制，市场运作：智慧景区建设要注重产业化经营管理机制的创新，借鉴国际先进理念，引入市场运作机制，促进资源保护与旅游服务产业的良性互动和协调发展。

五、智慧景区建设技术及指标要求

（一）智慧景区建设的原则、目标和技术要求

1.智慧景区建设的原则

智慧景区建设只有遵循科学规划、资源整合、突出重点、科技支撑、需求引导等基本原则，才能更好地将景区可持续发展、资源充分利用和技术支撑相结合，达到引领消费趋向、满足市场需求的目的。

（1）坚持科学规划的原则

智慧景区建设应根据景区全面推进文化旅游产品转型升级的需要，推动景区智慧旅游整体建设的政策要求，重点强化旅游信息化服务于游客的需要，科学地规划和设计。

（2）坚持资源整合的原则

智慧景区建设要深入结合国家区域旅游建设的需求，将旅游综合管理、配套服务与当地旅游资源进行整合，实现道路交通信息、人流信息、环境信息、物价信息、特惠信息的共享，实现"信息同源、数据同库、应用同步"的整合目标。

（3）坚持重点突出的原则

智慧景区建设要突出重点，根据景区文化旅游发展的实际情况，重点实现数据标准的统一、产业监测的联动、综合服务的便捷、大数据分析的客观全面和综合展示的实时互动虚拟体验。

（4）坚持科技支撑的原则

智慧景区建设要充分利用先进、成熟的科技成果，提升旅游产业发展的先进性和超前性，特别是要应用大数据技术，以先进的科学技术来支撑智慧景区的整体建设。

（5）坚持需求引导的原则

智慧景区建设一定要注重需求的调研与分析，包括数据支撑、管理现状、服务能力和营销手段四大领域，要牢固树立"需求引导建设"的原则，一切从旅游产业发展的实际需求出发，解决困扰工作的实际问题，整合已有系统，避免重复浪费，提高旅游大数据的实用性和展现力，为带动景区经济健康持续发展做贡献。

2.智慧景区建设的目标

智慧景区建设需要立足旅游产品创新发展与转型升级的实际需要，本着整体规划、分步实施的原则，按照智慧旅游数据标准体系的要求，建立面向智慧旅游的数据应用规范；构建符合国家全域旅游验收标准，能服务于全县域的智慧旅游平台；从产业监测、游客服务、营销推广、大数据分析四大维度，共同支撑景区旅游产品的发展，提升城市综合品位，促进景区产业结构转型升级，推动旅游产业健康、有序发展。

（1）信息库建设

信息库主要包括旅游地理信息库、旅游资源信息库、旅游业务数据库及涉旅信息库，经过数据采集、分析、处理，最终形成满足旅游管理单位需要的主题数据库，进行旅游大数据可视化分析。

（2）支撑平台建设

支撑平台主要包括旅游地理信息支撑平台和旅游大数据管理平台。

（3）智慧旅游软件系统建设

智慧旅游软件系统建设主要包括旅游产业监测系统、一站式游客服务系统、营销推广系统、旅游大数据可视化分析系统等应用系统的建设。

（4）智慧旅游运营内容建设

智慧旅游运营内容建设主要包括景区旅游资讯门户运营、景区旅游官方微博推广运营、景区旅游微信公众号运营、景区电商系统运营等的建设。

3.智慧景区项目建设的技术要求

（1）信息库建设要求

本项目需要建设旅游地理信息库、旅游资源信息库、旅游业务数据库及与智慧城市运营指挥中心的大数据管理及服务平台（以下称"大数据管理及服务平台"）交互的其他委办局涉旅信息库，并对各信息库旅游数据进行采集、分析、处理，最终形成满足旅游管理单位需要的主题数据库；同时，要求提供的主题数据同步更新及时，确保旅游大数据可视化分析的鲜活性和时效性。

（2）支撑平台建设要求

①旅游地理信息支撑平台

在智慧旅游系统的应用中，产业监测、一站式游客服务、营销推广、旅游大数据可视化分析的大量应用功能都是在旅游地理信息支撑平台上进行互动展示的，这就要求旅游地理信息支撑平台必须满足旅游地理信息服务和虚拟旅游服务的需要。

②旅游大数据管理平台

随着旅游信息化建设的不断深化、社会化网络的兴起及移动互联网等新一代信息技术的广泛应用，数据规模及其存储容量正在迅速增长，数据的类型也变得复杂多样。海量多样化的数据对信息的有效存储、快速读取、检索提出了挑战，其中所蕴藏的巨大商业价值也引发了对数据处理、分析的巨大需求。当前，大数据已逐渐渗透到旅游行业各业务职能领域，数据成为旅游战略资产，旅游战略逐渐从业务驱动转向数据驱动。如何通过收集和分析大量内部和外部的数据来获取有价值的信息将成为指导旅游管理单位决策及业务运作中的核心环节。按照信息资源规划理论，采用面向对象和事件的分类方法对上述数据需求内容进行重新归类并进行汇总和融合，得到旅游大数据管理平台所需数据库共12类，分别为公共服务、多媒体、目的地类、民俗文化、旅游资讯、旅游要素、攻略游记、节庆活动、优惠发布、法人类、大数据、政务资讯。

（二）智慧旅游软件系统建设要求

1.旅游产业监测系统建设的要求

旅游产业监测系统是基于地理信息技术，融合旅游资源管理子系统、业务协同管理子系统、产业监测子系统、分析预测子系统、应急指挥联动子系统于一体的系统平台。它能满足旅游产业相关管理者对其所需涉旅企业的日常业务数据的监测和对市场营销等数据的趋势分析，为旅游管理者提供决策依据。

对可能出现的旅游突发事件做到事前管控，避免旅游事故的发生。旅游产业监测系统汇聚旅游相关景区、景点、旅行社、导游、酒店、餐饮、厕所、旅游汽车公司、公交、客运、旅游大巴、旅游商品、农家乐、停车场、乡村旅游点、娱乐场所、租车公司、节庆活动、POI、电子设备、公共设施、宣传资料等旅游资源信息和产业运行信息，掌握区域内旅游产业的规模，为管理者的精细综合监管提供了数据抓手。

（1）文旅资源管理子系统

文旅资源管理子系统需要基于 3D GIS 地理信息技术对景区、景点、旅行社、导游、酒店、餐饮、厕所、旅游汽车公司、公交、客运、旅游大巴、旅游商品、农家乐、停车场、乡村旅游点、娱乐场所、租车公司、节庆活动、POI、电子设备、公共设施、宣传资料等静态旅游资源信息进行地图标准式管理。

（2）业务协同子系统

业务协同子系统分为内部办事模块和外部管理模块：内部办事模块服务于旅游局内部业务流程，包括用章管理、请假销假、信息报送、请示汇报、会议通知等业务流程；外部管理模块服务于旅游局与旅游企业之间的业务流程管理，包括数据报送、数据共享、通知公告、规章制度等。

（3）产业监测子系统

产业监测子系统需要应用现代计算机技术、网络技术、通信技术、3D GIS 地理信息技术、虚拟现实技术，构建旅游行业日常管理体系；基于多维可视化产业监测平台的建立，对游客信息、人流信息、客源地信息、消费信息、旅游企业收入、市场营销活动、节庆活动、交通情况、天气情况、视频监控、停车信息等旅游产业动态信息进行监测管理，及时有效地整合旅游信息，为日常管理、辅助决策提供服务，促进旅游业的管理更加规范化、科学化、智能化；强化行业监管，为旅游业服务质量的提升打下坚实的基础，提高各类旅游突发事件的应急处置能力，保障游客的生命财产安全。独立，融合性、扩展性强，不易形成信息孤岛的特点，使得系统可以实现共享互联，做到统一管理、统一登录、数据互联互动，使得各个子系统能够集成到一个平台上，方便用户集中管理，实现监控、预警、应急信息发布等全环节监控。

（4）分析预测子系统

分析预测子系统基于 3D GIS 地理信息技术，根据旅游市场数据、报送数据、自动采集数据、第三方服务数据以及数据分析算法，构建旅游预测模型，建立模型公式参数，根据现在的数据指数预测市场未来趋势，辅助旅游管理部门进行行业管理。

（5）应急指挥联动子系统

应急指挥联动子系统需要应用现代计算机技术、网络技术、通信技术、

3D GIS 地理信息技术、虚拟现实技术，构建旅游日常监管调度及安全应急管理联动指挥体系，推进旅游日常监管调度及应急指挥向数字化、网络化、自动化、规范化迈进。应急指挥联动子系统应包含应急机构管理、应急值班管理、应急仓库管理、应急物资管理、应急队伍管理、应急专家管理、应急装备管理、医疗卫生站管理、应急预案管理、应急保障计划、应急路线管理、应急事件管理、信息接报等功能，通过系统的建立，及时有效地整合旅游应急信息及应急资源，为日常管理、辅助决策提供服务，促进应急管理更加规范化、科学化、智能化；强化应急监管，为旅游服务安全的提升打下坚实的基础；在提高旅游品质的同时，降低旅游突发事件的发生概率；整合全市应急资源信息，全面提高各类旅游突发事件的应急处置能力，保障游客的生命财产安全，真正做到"看得见、联得上、呼得应、调得动"。

2. 游客服务系统建设的要求

一站式游客服务系统包含文旅资讯门户子系统、在线虚拟旅游子系统、在线客服中心子系统、旅游 App 子系统、微信公众号子系统等。

（1）文旅资讯门户子系统

文旅资讯门户与政府门户网站配合，相互链接，作为官网的旅游推介板块建设。多维可视化文旅综合展示门户基于 3D GIS 地理信息技术，围绕旅游 12 个要素提供官方的统一资讯与服务窗口；通过一站式服务，便利游客服务，加强对旅游资源及历史文化的宣传和推广，使其与旅游业的发展状态相适应，更符合新媒体时代的信息展示与搜索需求。多维可视化智慧文化旅游服务系统是游客综合信息服务的重要窗口，是为广大市民、游客提供吃、住、行、游、购、娱全方位服务的系统，同时也是宣传旅游目的地、民俗手工艺品的系统，还是形成市民游客互动、企业游客互动和政府游客互动的重要载体。

（2）在线虚拟旅游子系统

在线虚拟游览体验内容可在官网、微信、App、体验中心中多元呈现，为游客提供智能化的自助服务，一方面让游客能够更便捷地了解景区的旅游特点，重点景区的分布情况、旅游配套设施情况等；另一方面通过重点景区的全景展示将景区的山水人文展现在游客面前，使游客虽未踏步其间，却也身临其境。

（3）在线客服中心子系统

随着人们生活水平的不断提高，旅游行业蓬勃发展且趋于成熟，趋向买方市场发展。在这种前提下，人们对旅游的选择也变得多重化，选择的条件不仅仅局限于线路、价格问题，而是更多地考虑旅游产业提供的服务是否周到细致、服务种类是否全面、服务方式是否方便快捷、地区的旅游形象是否能赢得游客的信任，因此树立一个服务品牌形象是必不可少的。建立在线呼叫服务中心是个行之有效的解决办法。呼叫服务中心利用先进的通信手段并结合计算机技术的现代化服务方式，能够帮助旅游产业有效地改善服务质量、优化服务流程，并在很大程度上降低运营成本，开辟新的增值服务，提高用户的满意度，增强用户的信任度，同时能为消费者提供更方便、更快捷、更高效的旅游服务。

（4）旅游 App 子系统

旅游 App 子系统以重要历史文化遗址及名人为示范，结合 AR、VR 等技术的应用，面向游客提供文化旅游的深度体验渠道，支持导游、导览、导航、语音讲解、三维城市漫游等功能，可自行搜索感兴趣的内容，并支持注册登录、收藏分享、积分兑换等社交功能，也为旅游目的地城市的宣传营销提供了更生动的内容形式，进一步促成景区旅游形象与软实力的提升。

（5）微信公众号子系统

由于智能手机的广泛应用，微信成了眼下最流行的手机应用软件，已覆盖 90% 以上的智能手机，并成为人们生活中不可或缺的日常使用工具，利用微信公众号查询资讯信息成为一种常见的行为。建立景区微信公众号，将日常政务信息的发布、出行服务、旅游资讯及其他便民服务融合进来，将提高政府部门的工作效率，方便广大市民的日常生活。微信公众号子系统是基于 3D GIS 地理信息技术的游客综合信息服务窗口，是为广大市民、游客提供吃、住、行、游、购、娱全方位服务的系统，游客和本地居民可通过该平台获取在微信公众号中进行三维城市虚拟漫游的感受，并基于 LBS 位置服务获取资讯；也是宣传旅游目的地风俗文化特产、民俗手工艺品的系统；还是形成市民游客互动、企业游客互动和政府游客互动的重要载体，其中包含咨询信息发布、缴费综合查询、交通信息管控、便民信息查询、民生沟通互动、旅游信息发布、服务号后台管理等功能。

3. 智慧景区营销推广系统的建设要求

营销推广包含旅游目的地电商（PC、微信端）子系统（含乡村文化旅游电商）、旅游信息发布子系统、触屏旅游导览子系统等，是以"智慧营销"为重点的官方自营的多样化的市场营销推广手段。该系统利用市场经济手段对旅游企业进行指导管控，同时积累政府客观、准确的一手旅游大数据，提升管理和服务水平。需要利用信息发布系统管控景区所有带 3D GIS 虚拟旅游标准的室外 LED 大屏幕内容，在重点活动区域设置带 3D GIS 触屏旅游导览系统的触摸屏一体机，增加景区对外宣传推广力度，进而打造休闲生态的高端特色旅游品牌，形成可良性自循环的旅游生态圈。

（1）旅游目的地电商子系统

旅游目的地电商子系统与旅游资讯门户网站配合，需要利用网站、微信公众号等互联网和移动互联网渠道，整合景区所有的景区门票、旅行社导游、酒店客栈、餐饮、购物、租车、接送机、农家乐、停车场、娱乐项目的在线预订，同时可为本地居民和游客提供医院、银行、商场、小区、加油站、导游、导览、导航、语音讲解等位置服务以及微政务、生活缴费、维修、体育活动、社区新闻等交互服务，使游客和居民方便、快捷、准确地预订购买、获取服务。

（2）旅游信息发布子系统

对全域旅游建设来说，文化旅游市场环境氛围的营造是旅游模式发展的重中之重。旅游信息的发布将对于景区吃、住、行、游、购、娱资源的宣传、新兴景点的推介、历史文化氛围的营造和城市公益信息的发布形成非常重要的支撑。旅游信息发布子系统能够管理所有用于旅游宣传的 LED 户外全彩显示屏上显示的内容，支持远程为每个 LED 屏推送不同的宣传内容，针对性地发布各景点进行景区景点风采展示、紧急消息提示、日常相关数据展示、特色企业旅游活动宣传等内容，能够在后台远程随时插播信息公告等内容，支持发布基于 3D GIS 地图的导航、导览、视频、音频内容，支持远程管理 LED 硬件设备的状态。系统应包含前台内容显示功能模块和后台内容编辑管理功能模块。其中，后台内容编辑管理功能模块还需要包含发布内容管理、发布权限管理、远程 LED 硬件状态监控等功能。

（3）触屏旅游导览子系统

触屏旅游导览子系统需要通过设置在旅游服务中心、旅游交通枢纽、重点景区等区域的触摸屏一体机，基于3D GIS地图交互模式，利用旅游POI信息对景区吃、住、行、游、购、娱相关资源的宣传、景点的推荐、历史文化氛围的营造和城市公益信息的发布提供重要的支撑。

4.旅游大数据可视化分析系统的建设要求

旅游大数据可视化分析系统基于3D GIS地理信息技术，依托旅游大数据管理平台、旅游产业监测系统、一站式游客服务系统和营销推广系统，有效整合各方面的旅游资源，通过数据的深度挖掘，找到大数据与旅游业的耦合点，解决用传统方式解决不了的问题，做出实际落地的成果。通过对旅游业数据宏微观的分析，为旅游管理部门全面掌握旅游业趋势提供决策依据；通过景区客流量预测分析，帮助旅游管理部门提高安全管理效率；通过目的地游客的多维度营销分析诊断，提升管理部门和涉旅企业的精准营销和精准服务能力；通过实时舆情系统的监测分析，提升旅游服务质量，提高游客满意度，扩大旅游目的地知名度。该系统包括产业监测分析、人群行为分析、舆情监测分析、气象环境分析和营销推广分析5个部分。

（1）产业监测分析。产业监测分析包括涉旅企业分析、重点景区分析、客流接待分析、财务状况分析、新增业态分析。

（2）人群行为分析。人群行为分析包括人口流动分析、人口职住分析、室内人群行为分析、人群画像分析、游客来源分析、游客数量分析、游客进出分析、游客结构分析、游客停留分析、游客轨迹分析等。

（3）舆情监测分析。舆情监测分析包括舆情展示、舆情监测、空间舆情分析、情绪地图等。

（4）气象环境分析。气象环境分析包括气象预警、天气实况、7天天气预报、生活气象指数、水资源环境分析、大气环境分析等。

（5）营销推广分析。营销推广分析包括商家经营数据分析、商家客群数据分析、商家周边数据分析等。

（三）智慧景区项目运营管理

1.智慧景区运营管理的内涵

全域智慧旅游的真正内涵不仅包括各种信息库、信息系统的开发建设，更重要的是项目建成后要能持续稳定地运营。为了充分发挥智慧旅游项目的建设成效，应更好地为游客提供动态实时的旅游资讯和便捷贴心的旅游服务，提升服务品质，进一步促进旅游业规范化发展。智慧旅游的运营内容如下。

（1）旅游资讯门户网站的运营

①内容维护

整合景区、酒店、旅行社等旅游企事业单位的需求，提供统一的宣传营销窗口。中标方还需要提供专题设计制作、原创踩点、网站搜索优化、站内外推广等网站运营推广服务，保障旅游资讯门户网站的综合排名和网站访问量。

②原创探点

原创探点主要是对新开发旅游资源的体验、宣传和推广。中标方需有专业的编辑和摄影记者探访新的旅游资源，以图文结合的方式向游客展示新的旅游资源。

③专题制作

结合旅游宣传推广需求，服务期内策划、设计、制作上线不少于12个专题页面，并进行专题的对外推广。这些专题主要分为旅游资源推介活动专题和时令、节气、当季推荐等主题专题两大类。

④创新栏目建设

互联网作为第四媒体具有传播范围广、保留时间长、信息数据庞大、开放性强、操作方便、交互性和沟通性强、成本低、效率高、感官性强、品牌形象等优点，但同时也具有更新换代快、用户注意力易转移等缺点。所以，在智慧旅游运营维护的过程中需要将栏目创新作为一个长期性的工作。在完成基础内容保障后，中标方应该根据当季推荐的特点，游客新的体验需求等进行创新栏目建设，保证网站的新鲜度和对游客的吸引力。创新栏目建设需要经常性的头脑风暴，需要深入研究游客的需求，需要了解用户的习惯，需要结合当季热点。创新栏目可以在网站首页进行推广。

⑤内容监测

中标方需提供网站内容监测服务，建立网站运营监控基线，监测日常运营数据、网站运营安全记录，通过对网站监测数据的比对、分析，提供网站运营数据分析月报及年报。

⑥技术服务

中标方需提供远程、现场技术运维支持服务，网站静态页面、栏目、模板维护及修改需求响应时间不超过 4 小时，保障网站、应用服务的安全、稳定及无间断访问。

⑦网站改版升级

为满足游客以及搜索引擎优化的需要，中标方需定期对网站首页以及相关频道／栏目页进行升级、改版和调整。

⑧站内优化

中标方需要提供包括关键词优化、页面逆向优化、内链、外链、网站地图等在内的站内推广。

⑨站外推广

为了提升宣传营销效果，中标方需要提供在博客、微博、微信、论坛、贴吧、问答系统及其他旅游网站的软文推广服务。

（2）景区旅游官方微博的推广

①日常运营

确保官方微博具有较为独特的活跃性；设专人与用户沟通，与账号内的粉丝充分互动，提升粉丝活跃度，增加粉丝黏度；进行评论、转发、私信记录、回复、关注管理；减少负面评论信息，进行危机公关预警、处理；进行微博运营报告的撰写、微博数据统计分析等。

②传播推广

通过现有媒体资源，将活动信息在微博上进行有效传播，配合其他区内资源进行宣传，对提供的新闻稿件要在 2 日之内进行发布；保证阅读量、粉丝互动量逐次递增，提升粉丝黏度，保证粉丝在现有基础上持续增长；挖掘潜在推广资源，提升旅游官方微博的品牌推广效力。

③考核指标

中标方通过对景区旅游官方微博的运营，考核服务期内微博总粉丝增长数。

④舆情监控

监控微博舆情，根据突发事件、敏感事件及其他关注度较高的事件，按照普通网情、舆情和重大舆情进行预判，遵守流程要求进行上报及事件备份，协定处理意见后进行危机公关，对处理完毕的事件要进行书面报告。妥善处理舆情，维护良好形象。

（3）景区旅游微信公众号的运营

①日常运营

日常运营包括每月至少策划发布15篇精编图文微信，包含旅游资源、旅游活动、营销推广等，每篇原创内容均进行引导性转发和评论，确保公众号拥有较为独特的活跃性，提升公众号的关注度；减少负面评论信息，进行危机公关预警、处理；进行微信公众号运营报告的撰写、数据统计分析等。

②定制模块的开发

在微信平台对公众账号页进行栏目定制，增加自定义菜单、问答系统等，建设微信端官网平台，开发定制旅游导览类栏目，方便用户在移动端查询景点、酒店信息及特色旅游资源推介活动。

③传播推广

通过现有媒体资源，将活动信息在微信公众号上进行有效传播，配合其他区内资源进行宣传，对提供的新闻稿件要在2日之内进行发布；保证阅读量、访问量逐次递增，提升粉丝黏度，保证粉丝在现有基础上持续增长；挖掘潜在推广资源，提升旅游微信公众号的品牌推广效力。

④考核指标

中标方通过对景区旅游微信公众号的运营，考核服务期内微信关注量增长数。

2.智慧景区运营的整体要求

（1）运维团队管理

管理完善的运维团队，明确岗位职责、任职资格，明晰团队定位。建立多种沟通机制，要求运维团队内部、外部沟通及时、高效。绩效考核包括团队考核和岗位考核。

①团队考核

网页差错率：能够按错误类型（访问错误、服务错误、网络错误）、资源类型（链接、图片、背景图片、脚本等）、外部/内部地址分类考核和排错。

网站更新量：能够按网站总更新量、首页更新、栏目更新、原创信息更新等指标考核。

网站可用性：能够按网站是否可用、连接时间、下载时间、响应时间等指标考核。

②岗位考核

能够按运维团队内各岗位的工作能力，工作态度等指标考核。

（2）运营机制的建立与管理

建立有完善的管理制度、操作规范、工作流程的管理制度体系，网站、资源库及微博、微信要保证健康、持续发展，必须制定系统性、专业性相统一的规定和准则，要求网站、微博、微信运营工作人员和各业务部门人员按照相关的规范与规则来统一操作。管理制度体系是智慧旅游运营维护项目的基石，也是保障智慧旅游建设成果发挥旅游促进作用的必然要求。投标人必须建立良好的服务资源保障机制，确保应对突发情况的人力、资源配置，并保证调配响应迅速；同时在运营服务过程中，必须建立项目运营管理的知识体系，对每次实际的运营服务过程进行认真总结，形成服务管理和服务技术资料的资源库，从而为服务的及时响应创造良好的基础。

（3）内容运营建设与管理

①内容采集

建立内容采集机制，网站编辑每天负责旅游景区、酒店、旅行社等旅游企事业单位信息的更新，并且要不断扩充采编渠道，丰富网站内容。

②编写规范

制定网站信息编写规范，统一全站各频道页面的展现样式，规范标题、摘要、来源等内容。

③信息发布

制定信息发布流程规范，明确信息编写、审核、发布等环节责任人，确保网站信息发布准确无误。

④内容监测

积累网站监测线索，采用人工比对、电话核实、实地调研等方式确保网站更新及时、准确。

⑤数据分析及网站流量统计

要求统计网站页面浏览量、独立用户数、点击量、访问人次、首页浏览量、网站带宽（上下行）占用情况、网站响应时间等指标。

⑥网页关注排名

要求统计网站关注排名，可按页面浏览量、独立用户数、访问人次进行排名，并能支持各类关注页面标题的提取。

⑦栏目统计分析

能够统计各栏目的页面浏览量、独立用户数、IP 地址、国家、省份和最受关注页面等。

⑧访问来访方式

能够分析网站各类来访方式的引用页、着陆页、进入次数、访问人数、贡献页面量以及来访国家、省份、IP 等信息。

⑨流量去向分析

能够分析任何频道或页面的跳转量以及跳转率。

⑩访问黏度统计

能够分析每日新增访客、回访访客及所有访客的平均访问时长、访问成功率、访客忠诚度、访问概率等黏度指标。

⑪二跳率

能够分析用户首次进入网站后的二跳情况，依次来评估首次进入着陆页的优劣和吸引力状况。

⑫页面路径分析

要求能够分析每个用户从进入网站到离开网站的

（4）技术运营建设与管理

①监控管理

监控平台：构建一个实时监控平台，要求具有实时自动更新监控状态和相关数据的功能。

监控指标：性能监控，要求能够检测连接时间、响应时间、下载时间以及无法访问次数等。健康监控，要求能够监控页面和其中的错误链接、错误图片元素。更新监控，要求能够监控栏目的更新情况，支持更新量统计。

智能报警：要求支持多级报警机制，如提醒、警告、严重警告，并可把不同级别的报警信息发送给不同的人；具有防重复报警机制；可以通过邮件、短信等方式通知相关负责人。

②安全管理

运营监测平台具有完善的权限管理功能，支持多用户、多角色，权限管理可以授权某一个功能、某一个网站栏目。日常安全检查应包括页面安全性监测、防篡改软件的可用性监测、系统安全漏洞的修补等。

③备份管理

支持分布式存储系统，确保系统能够保存所有历史数据。

④技术支持

为促进智慧旅游建设成果效果的发挥，提高旅游市场推广、宣传和服务效率，要求供应商提供现场技术支持服务。

第三节 智慧酒店管理

一、智慧酒店的概念与特征

（一）智慧酒店的概念与内涵

智慧旅游的概念提出之后，旅游行业的智慧化建设迅速渗透到酒店领域，智慧酒店的发展建设由此展开。智慧酒店是智慧旅游在酒店行业的具体应用。智慧饭店是利用物联网、云计算、移动互联网、信息智能终端等新一代信息技术，通过饭店内各类旅游信息的自动感知、及时传送和数据挖掘分析，实现饭店食、住、行、游、购、娱旅游六大要素的电子化、信息化和智能化，最终为旅客提供舒适便捷的体验和服务。

上述概念主要从服务顾客的角度阐述了智慧酒店发展建设的内容和方向。实际上，智慧酒店的发展建设理应以服务顾客为目标，为了更好地服务顾客，就必然涉及酒店的智慧管理、智慧商务等内容，因此智慧酒店的发展建设应当是服务、管理、商务一体化的。因此智慧酒店是基于新一代信息技术，为满足顾客个性化需求，提供高品质、高满意度的服务，而在酒店内对各种资源、信息、设施、服务进行系统化、集约化、智能化的管理变革。对智慧酒店概念内涵的把握应从以下方面展开：1.智慧酒店发展建设的前提是新一代信息技术的发展，其包括互联网、物联网、云计算、移动通信技术、射频识别技术、智能技术等。各类技术的综合运用，是保障智慧酒店运营发展的前提和基础。2.智慧酒店发展建设的目标是为顾客提供高品质、高满意度的服务，通过高品质服务实现高满意度。所谓的高品质，既包括硬件设施的质量，又包括配套服务的水平，还包括酒店消费的体验，三者协同构成酒店品质；所谓的高满意度，是指顾客在酒店消费的综合满足程度。3.智慧酒店的发展建设需要对资源、信息、设施和服务等进行系统化、集约化、智能化管理。系统化管理能够实现酒店运作的整体联动，集约化管理能够助力酒店运作的经济、高效和便捷，智能化管理能够提高酒店设施、设备的智能化水平。4.智慧酒店的发展建设包括四个方面的内容，即酒店消费、酒店服务、酒店运营和酒店管理的智慧化。5.智慧酒店的发展建设是一个动态前进的过程，通过新一代信息技术的发展应用，引导酒店管理、消费、运营的更新升级。随着信息技术的发展提升和应用普及，智慧酒店的发展建设也不断提升。

长期以来，酒店信息化在中国企业信息化发展中处于领先水平，随着信息技术的发展提升和应用普及，对酒店行业信息化发展提出新的要求；而智慧旅游的发展建设，又为智慧酒店发展建设带来新的契机，智慧酒店正是酒店信息化建设的高级阶段。

（二）智慧酒店发展建设的必要性

1.智慧酒店是提升顾客体验的现实需要

随着信息技术的广泛应用和顾客消费方式的普遍改变，传统的酒店服务已经不能满足现代顾客的消费需求，因此需要通过智慧酒店建设提升顾客消费体验的内涵和价值，从而提升顾客满意度。客房多媒体系统的设计，能够将商务、资讯、娱乐、信息查询等一网打尽，使顾客足不出户即可获得各方信息，便于顾客制订旅游计划和进行在线预订。客房环境控制系统的设计能够自动地对室内温度、湿度、灯光等进行调节，顾客能够随时享受温馨舒适的休息环境。此外，便捷支付系统、快速入住系统等的建立和设置，能够提高顾客的入住效率，减少烦琐的程序，从而提升顾客的消费体验。

2.智慧酒店是优化酒店形象的现实考量

在酒店信息化的过程中，许多酒店通过网站建设，以精美的图片、动人的文字、酷炫的视频等方式展示酒店的美好形象，从而吸引顾客前来消费入住。随着酒店信息化的进一步发展，酒店在智能门禁、入住系统、结算系统、客房系统、智慧餐饮等方面，运用现代信息技术，为旅游者提供高品质的智慧体验，从而增加体验价值，以此形成酒店营销的亮点。因而，通过智慧酒店建设，助力酒店营销，提高酒店的知名度和美誉度是智慧酒店建设的现实考量。

3. 智慧酒店是提升酒店管理水平的迫切需求

长期以来，酒店信息化建设主要围绕智能结算系统、顾客管理系统等展开，但酒店客房系统、餐饮系统、娱乐系统等的智慧化水平并不高。随着顾客需求的增加和对服务质量期望水平的提高，对酒店安全、信息传递、智慧体验、快捷服务等方面的需求增加，这就需要通过智慧酒店建设，提高酒店的管理水平，包括资源、设施、人员、财务、绩效、顾客、信息、安全等各个方面。智慧酒店的发展建设将原本单体或者联系并不紧密的部门或业务进行联系和互动，从而充分整合各类资源和信息，在酒店的经营运作、安全管理、顾客服务等方面发挥重要作用。

4. 智慧酒店是提升酒店运营的必然选择

在线旅游、线上预订等旅游电子商务的发展，使得许多传统的线下消费转移到线上，因此许多顾客可以在网上查阅酒店信息并进行预订。为了迎合顾客消费方式和消费习惯的改变，酒店的商务运营从线下向线上线下结合转变，智慧酒店的发展建设通过手机应用软件、二维码、微博、微信或者直接预订和支付等方式，为顾客提供充分的信息和服务，通过便捷的预订平台和支付方式，为游客消费提供方便。此外，智慧酒店的发展建设，能够实时提供酒店动态信息，如客房类型、数量、价格等，通过信息交互，充分展示酒店的美好形象，助力酒店运营。

5. 智慧酒店是助力酒店营销的重要方式

当前，智能手机、平板电脑等智能移动终端的广泛使用，微博、微信、空间、社交网站等自媒体的广泛应用，都使得人们的交流越来越密切。智慧酒店的发展建设，使得酒店可以通过多种渠道、路径和方式，与顾客或潜在顾客建立良好的关系，并实现充分互动，进而提供咨询服务，解决顾客问题，开展营销活动，维持顾客关系。因此，智慧酒店的发展建设将助力酒店全方位和立体化营销。

（三）智慧酒店发展建设的主要目标

1.服务顾客，创造价值

传统意义上的酒店信息化建设，在酒店预订、入住、结算、账目、顾客等方面基本能够满足酒店现代化管理的需要，通过线上预订、电话预订、智能结算、顾客管理等系统，能够为顾客提供一定的便利，满足酒店消费等基本需要。但是随着经济社会的发展、消费方式的改变，人们对酒店服务和酒店品质提出了更高的要求。因此在酒店信息化建设的基础上，智慧酒店建设成为必要。智慧酒店的首要目标是服务顾客，通过提升消费体验，为顾客创造价值，进而提高顾客满意度。为了实现顾客服务优化升级，智慧酒店的发展建设主要从以下方面展开：入住系统的服务。通过智能入住系统、智能结算系统等方便游客办理入住和退房手续。二是酒店产品的智慧。例如，智慧客房系统、智慧餐饮系统等，这些是酒店的核心产品，也是顾客体验的关键所在。智慧酒店的建设，可在酒店的产品、服务、环境等方面进行智慧建设，从而真正服务顾客，为顾客创造价值，因为顾客满意是酒店长期可持续发展的重要前提。

2.提升形象，助力营销

智慧酒店的发展建设在旅游业内属于新潮和热点，通过智慧酒店建设，能够在经营管理、产品服务和基础设施等方面提升酒店的整体水平。因此，智慧酒店的发展建设能够直接提升企业形象，包括外在形象、产品形象、服务形象、精神形象等，充分智慧的酒店能够给人以"新潮""智能""品质""时尚""酷炫""人文""舒适"等体验，从而树立酒店在社会大众中的美好形象，将酒店的优美形象展示给社会公众，通过品牌效应和口碑效应助力酒店营销。此外，智慧酒店的建设，将在微信、微博、空间、社交网站等方面与顾客进行互动，在互动沟通的过程中，酒店将其节庆活动、优惠措施、特色产品等推介和阐释给顾客；在营销推介的过程中，维持与顾客的良好关系。因而，智慧酒店发展建设的重要目标是提升酒店形象和助力酒店营销，通过营销又能促进酒店经济效益的提升。

3.优化管理，强化运营

智慧酒店的发展建设将在以下方面优化酒店管理。

（1）人力资源管理

对酒店各工作岗位人员进行管理，能够更准确地对工作绩效等进行考核，从而有助于酒店有针对性地提高各岗位工作人员的工作绩效。

（2）酒店信息管理

主要包括酒店产品、设施、服务等方面的信息，便捷、畅通、准确、及时的信息管理有利于管理人员及时对酒店管理进行分析总结，从而迅速采取纠偏措施和改进策略，避免不良事件对酒店造成的恶性影响。

（3）顾客关系管理

智慧酒店能够与顾客进行充分互动，维持与顾客的良好关系。此外，在各方面管理优化、改进的基础上，将酒店的管理进行集成，构建统一的信息和网络平台，通过酒店整体的信息平台和一体化办公系统，对库存、采购、设备等进行集中管理和智能监测，实现酒店资源、信息、要素、人员、设施等一体化和联动化，从而强化酒店整体的智慧运营。

4.缩减成本，增加效益

尽管在智慧酒店的发展建设中需要投入较多的成本，但从长远来看，智慧酒店在建成之后，能够缩减较多的运营和管理成本，许多烦琐的工作可以通过智能设备和设施来完成。在智慧酒店运营中，其运营维护成本相对要小得多，且智慧酒店能够运营较长时间，即一次投资能够带来长期高效发展。同时，许多难以控制的工作将由智慧酒店实施标准化作业，可以保障产品和服务的品质。因此，从长期来看，智慧酒店所节省的成本将多于智慧酒店建设的投入。此外，由于智慧酒店建设而使得酒店形象优化提升及由此带来的顾客和价值，也将为酒店发展带来巨大的效益。因而，智慧酒店发展建设的重要目标应当是促进酒店的长期健康发展、缩减运营成本和增加综合效益。

（四）智慧酒店的主要特征

1.智能化

设施、产品与服务的智能化是智慧酒店的基本体现。酒店的智能化主要体现在两个方面。

（1）酒店设施

从酒店大堂到客房再到餐饮，酒店的服务设施应当实现智能化控制，如楼道的灯光、温度、湿度等，智能化的便捷，辅之以人文关怀，尽显酒店的先进时尚。

（2）酒店产品

如客房中多媒体系统的设置，顾客通过智能客房即可实现信息查询、网上办公、在线预订、自助娱乐等活动，使顾客足不出户即可轻松办理一切事务，真正实现酒店消费的智能尊享。设施和产品的智能化能够让顾客切实体验智慧酒店的魅力。

2. 体验化

智慧酒店的发展建设，最终要落实在顾客体验上，从网上预订、线上支付到入住登记、客房服务，再到结算离店、消费心得，智慧酒店都应当创造现代化、智能化、时尚化、品质化的体验之感，使顾客在消费体验中获得价值增值。因而，顾客体验是智慧酒店的核心价值，也是智慧酒店获取综合效益的基本前提和主要依托。

3. 联动化

与数字酒店和智能酒店不同，智慧酒店在整体上是联动的，即各个智能的设备、设施和产品能够互相联动发展。在酒店的运营管理中，各个智能系统产生信息、处理信息、传递信息和反馈信息，智慧酒店云平台将这些信息进行统一的管理和传递，使得智慧酒店成为一个系统的整体。各部门、各机构、各单元的智能化为智慧酒店运营管理提供信息，从而使得智慧酒店真正联动、高效、便捷。

4. 综合化

智慧酒店的发展建设超越数字酒店和智能酒店的单体智能化阶段，如管理系统的单体智能、客房系统的单体智能等。智慧酒店将各种资源、信息、设施、产品和服务等进行综合，实现综合管理、综合服务和综合运营。例如，在对人员的管理上，将酒店管理人员、服务人员、顾客群体、营销对象等进行综合管理，从而找寻最佳的管理路径、服务方式和营销策略；在对客房系统的管理上，仅仅是独立的智能电视系统、独立的客房环境控制系统等，其智慧化建设是不充分的，而通过智慧酒店的发展建设，将客房系统进行智能综合管理，可提供综合化服务，例如顾客在客房内，足不出户即可实现信息查询、网上预订、虚拟旅游、网上办公、线上支付、游戏娱乐等内容。通过综合化、一体化、网络化、便捷化和智能化建设，提供一站式服务，真正满足顾客的综合需求。

5. 低碳化

智慧酒店的发展建设，能够提升酒店的信息化水平，这在资源利用、污染排放等方面的作用尤为突出。通过标准化设计，对酒店用水、用电等进行智能监控，从而采取措施，避免资源浪费现象的发生。这样既能为酒店降低运营成本，又有助于创建绿色生态酒店。

二、智慧酒店的建设实践

（一）智慧酒店的建设内容

智慧酒店发展建设的主要目的是提升顾客体验、优化酒店形象、强化经营管理、提高综合绩效，因而智慧酒店的发展建设应当围绕公共空间、顾客体验、经营管理、客房服务、餐饮服务、会议服务和娱乐服务等七大板块展开，各板块的智慧化建设共同发力，才能在整体上实现酒店发展的大跨越和大提升。

1. 公共空间

（1）楼宇自控系统

主要用于酒店公共空间的环境控制，包括温度、湿度、新风、气味、除菌等，为顾客创造一个温馨舒适的公共活动空间。

（2）网络覆盖系统

该系统是酒店网络的综合体系，不同的计算机和服务端肩负相应的工作职责，有信息采集端、信息分析端、信息统计端和信息利用端，不同部门、不同计算机通过网络连接，实现酒店联动化和一体化。

（3）智能监控系统

对酒店公共空间进行360度无盲区、无死角的监控，保障顾客安全和酒店安全，使顾客能够放心消费。智能系统在实时监控的过程中，可实现双向语音对讲功能、多层电子地图功能、多种录像方式，实现全面的设备、设施和人员管理，在此基础上，与门禁、交通、消防、报警等系统无缝对接。此外，监控系统通过感应器等技术和设施设备，对酒店内主要设施设备如电梯的运营情况进行监测，实时采集数据，提供管理信息。

（4）消防报警系统

利用现代化数字技术，建立智能化的、高可靠性的消防系统。这样既能够对消防风险进行防范，又能在风险发生后及时排除。

（5）停车场管理系统

对车辆进行智能管理。对车辆通行道口实时出入控制、监视、行车信号指示、停车计费及汽车防盗报警等进行综合管理。智能化停车场管理系统包括以下功能：在入口处显示车位信息并且实时更新，出入口及场道内的行车指示，车牌和车型的自动记录与识别，自动控制出入栅栏门，自动计费与收费金额显示，停车场与酒店管理系统的中央监控室联网与监控管理，意外情况发生后进行自动报警。

（6）智能导航系统

通过智能导航设备，使顾客便捷地了解酒店各功能区的分布及路线。

2.顾客体验

（1）自助入住系统

顾客使用自助终端触摸屏，实现酒店入住和退房一站式办理，过程简单方便。利用自助入住系统，顾客只需刷身份证或输入个人身份信息，即可实现智能选房、轻松入住，免去排队等候而造成的时间浪费。同时，自助入住系统集成了顾客的身份信息和消费信息，具有智能门禁的功能。例如，通过该系统能够实现顾客身份识别，对顾客的历史消费记录进行管理；根据不同的顾客类别，提供相应的优惠信息和个性化服务；根据顾客在历史消费中对床头灯、室内温度的控制等偏好，在顾客进入客房之前，通过智能化控制，将客房环境调至顾客预期的状态，从而使顾客获得超乎寻常的个性化体验。

利用自助入住系统，顾客还可以获得安全保卫、智能门锁等服务，将原本复杂烦琐的程序便捷化、智能化，最大程度地节省时间、提高效率、优化服务，实现便捷入住。值得注意的是，对于不同类型的旅游者，智能入住的渠道又是多样的，如开车来到酒店消费的顾客，可以在停车场登记的同时进行自助入住办理，免得进酒店后还要进行登记等手续。顾客也可远程实现自助入住办理，通过网络完成预订、入住登记、信用卡付款等手续，来到酒店后直接刷卡即可入住，从而真正享受"回家的感觉"。

（2）手机在智慧酒店消费体验中的应用

酒店的自助式终端机、信息系统与平台网络相连，顾客通过智能手机即可查询和了解酒店客房、餐饮等方面的实时数据和信息，从而做出选择。

例如，通过智能手机了解酒店客房的价格、类型、位置、图片等，实现信息查询、网上预订、手机支付和自助入住；进入酒店后甚至在进入酒店之前，即可通过手机调节室温和灯光亮度等；通过手机选定需要的网页和频道，并将其串流到房间的电视屏幕上进行操作等。因此，只要一机在手，即可实时掌控预订、登记、入住、互动、娱乐、餐饮、退房等整个过程，真正享受现代科技所带来的便捷和乐趣。

3. 经营管理

（1）综合管理系统

主要在于将分属于不同板块、不同功能的计算机、信息采集、网络覆盖等进行综合管理和全面统筹，是智慧酒店发展运营的核心功能模块，用于信息的采集、处理、传播等。对酒店内的资源、信息、网络、人员、设施、计算机等进行集中管理、分散控制、系统联动、优化运行，确保各部分处于安全、高效和良好的运行状态。

（2）结构化布线系统

该系统是建立在广域、局域网上的酒店智能弱电系统的信息通道，是网络系统的高速公路，是连接各系统、各设备、各终端的网络线。

（3）电子商务系统

在客户端，主要对酒店的智慧营销、产品信息、优惠活动等进行介绍，内含信息查询、网上预订和便捷支付等功能。在管理端，主要对收银、财务、报表、顾客信息、电子邮件等内容进行综合管理，并构建数据库、为后期发展计划、战略实施、顾客接待、服务改进等提供科学依据。

（4）智慧营销系统

通过酒店网站、客房服务系统、酒店网络覆盖等体系，基于顾客智能手机、平板电脑等设备，向顾客推介酒店信息；同时基于微信、微博、空间、社交网站等，维持酒店与潜在顾客的互动关系，及时发布优惠信息、酒店活动、新产品信息等内容，构建酒店的多方位营销渠道。

（5）办公自动化系统

对酒店发展运营中的资源、信息、人员、财务、采购、营销等进行综合管理。酒店工作人员通过内部网络即可实现线上办公，包括提交材料、审阅文件、数据统计、财务分析等。办公自动化系统的运用，能够极大地提高酒店的运营效率，同时节俭成本、降低消耗，为酒店增加收益。在办公自动化系统中，建立智能查询系统，根据不同权限和等级，为酒店员工提供多种形式的信息查询服务（包括酒店营收、采购、能耗等信息），一方面保证信息的充分共享和利用，另一方面则保障酒店经营管理的信息安全。实际上，办公自动化系统包括智能办公系统、智能节能系统、智能采购网络、智能人员管理系统、智能物耗管理系统等内容。

（6）顾客管理系统

将顾客的基本信息、消费特征和个性化需求等进行登记，在节庆、顾客生日时为顾客送去祝福和营销信息，在顾客进行再次消费时可以基于历史消费的特征有针对性地提供个性化服务，从而提升酒店服务品质和顾客消费体验。

（7）投诉管理系统

建立智能化投诉建议终端，该系统既接收顾客的投诉，又容纳顾客的建议，同时含有对顾客消费的调查。通过智能终端系统，对这些收集到的信息进行归类汇总，提供给管理者，有利于酒店在后期发展中有针对性地提出改进措施。投诉管理系统不仅包括顾客投诉，也包括员工自身的投诉和建议。

（8）员工管理系统

配备员工智能考勤系统，具备身份识别、资料备案、信息查询、授权管理、网络应用等功能，可自动统计和记录员工的出勤情况。员工能耗管理系统，对员工在工作中的水耗、能耗、电耗等内容进行统计分析并自动生成报表，对不同员工、不同时间、不同岗位、不同项目的能耗进行对比分析，从而为降低员工能耗、提高综合效益提供决策依据。员工管理系统将员工的考勤信息、基本资料、能耗数据、质量管理、日常表现、工资变动等进行记录，为员工绩效评价、职务晋升、工资津贴等提供依据，利用员工管理系统能够助力酒店人力资源管理，从而充分实现员工价值。

（9）购销管理系统

构建酒店物资采购管理信息平台，及时记录物资采购信息，包括物资的种类、数量、价格、支出、采购人员、供应商等信息，为下期的物资采购提供参考；通过长期的统计记录和比较分析，为酒店不同时期不同种类物资采购计划的制订提供最优方案。利用计算机网络技术建立销售数据库，对酒店各类产品的销售情况进行统计分析，生成发展报告，将这些信息与酒店的采购、营销、仓储、财务、管理等方面进行资源共享，从而为各部门及时调整发展策略提供依据。建立智能库存系统，对库存物资进行统计，记录库存盘盈、盘亏、损耗等信息，实现减少库存的智能化管理。

（10）固定资产管理系统

在贵重固定资产上粘贴电子标签，对酒店固定资产进行跟踪管理，当固定资产被非法移动时系统自动报警。

（11）给排水系统的监控

第一，对给排水系统的设备设施进行监控，如水泵、管道等，对设备设施的启动和停止进行自动化控制，在出现水泵故障、过载等问题时能自动报警。

第二，对水池、水箱、水温等进行监控，一旦超过预定的标准，将会自动报警。此外，对不同部门、不同季节的用水量和排水量进行监控，为酒店节能减排提供参考。

（12）配电系统的监控

对低压进线和中间断路器状态进行有效检测，对变压器、断路器的状态进行有效监测，对电源电压值及主回路电流值进行有效检测，发生故障时立即发出报警信号，并且配备智能系统进行应急使用。

4.客房服务

（1）客房环境控制系统

对客房的温度、湿度、灯光、负离子等进行智能控制。在顾客进入酒店前，可远程预订或设定客房的温度、湿度、通风、空气净化等，自动显示房间环境指标，如空气中的二氧化碳、温度、湿度等指标。根据顾客需要，可对客房情景模式进行选择和设置，如入住模式、会客模式、睡眠模式、影院模式、办公模式等。客人离店后，房间状态自动复位。通过对客房环境的智能控制，能够实现房间状态的即时智能化管理。

（2）多媒体系统

在技术应用上，综合运用计算机技术、互联网技术和多媒体技术等，利用有线电视网络，采用多媒体技术，将声音、图像、文字、数据等集成为一体，使顾客通过便捷的操作即可获得服务；在服务内容上，为顾客提供信息查询、网上办公、在线预订、影视娱乐等内容，轻松满足顾客商务、消费、娱乐等需求。多媒体系统的技术应用和功能集成，能够真正体现以人为本、个性化服务、智慧服务的内涵。运用该系统既可对房间的照明、音响、电视、服务请求、免打扰设置等进行综合控制，又可以实现与酒店的互动。顾客在客房内即可进行点餐、租车、订票、退房等服务，还可获得全方位的实时信息查询，如天气状况、航班动态、列车时刻、轮船时刻、客车时刻、市区公交、高速路况、市区路况、旅游信息等等。

（3）智能门牌显示系统

在门上或门左边，显示房间的各种状态，如入住、空房、请勿打扰、请即打扫、门铃等功能。该功能显示主要连接3个对象或系统：

第一，客房系统，显示客房状态。

第二，服务人员，方便及时服务。

第三，顾客，表达基本需求。

（4）视频门铃系统

酒店客房门铃具有视频功能，当有人在门外按门铃时，室内的显示屏（如电视）可在顾客的控制下显示室外情景，如顾客正在看电视的过程中，当有人在门外按门铃时，顾客可通过视频切换键，将门外视频切换到电视屏幕上。

（5）通信系统

主要包括两个方面的内容。

第一，对外通信。顾客通过网络可与酒店之外进行语音、图像和数据的传递，通过该系统能够实现网络会议、远程通话等。

第二，对内通信。顾客能够便捷地使用客房通信设备，与酒店前台进行联络，通过统一渠道和路径方便地获得酒店服务。

（6）客房节能系统

客房中的智能设备能够实时记录和测算客房用电、用水的能耗数据，酒店将其作为绿色环保客户的评价依据，进而通过积分兑换或优惠方式鼓励顾客节约资源和降低能耗，倡导绿色消费和低碳经济的理念。

（7）智能手机和平板电脑在客房的应用

例如客房的智能电视上有"灯光""多媒体""空调""场景联动""酒店服务""旅游信息""在线预订"等选项，通过一键转换，电视屏幕上的信息可以同步串流并显示在顾客的智能手机和平板电脑上，顾客只需通过智能手机或平板电脑即可进行相应操作，获得服务和体验。

5. 餐饮服务

（1）智慧餐饮系统

第一，通过电子菜单，对不同的菜品进行详细的介绍，内容包括菜品的价格信息、制作工艺、人文典故、营养成分、温馨提示等内容，同时配之以精美的图片，使得顾客在餐饮消费的过程中，既能够学到知识，又能够增加乐趣；既可以为特殊人群的饮食提供健康咨询和温馨提示，又可以体现酒店的人文关怀。其次，通过采用触摸液晶显示屏，无线网络与点菜服务器联动，顾客点菜成功后即发送至厨房，安排加工；在后续服务中，还可以进行加菜、咨询等服务。

第二，消费者亦可通过自己的智能设备，如智能手机、平板电脑等，在连接无线网络中的餐饮平台后，与酒店餐饮系统对接，从而方便顾客的多样化选择。同时，系统会自动记录和存储顾客消费信息，例如保存顾客点菜的历史记录，下次消费时即可自动显示历史消费情况，从而便于顾客选择。对于有预订需求的顾客，一方面可以通过手机浏览菜品，实现提前点菜、准点上菜；另一方面对于不常见或者需要准备时间较长的菜品可以提前预订。通过智能餐饮系统实现餐饮服务的智能化、精细化和多元化。

（2）宴会厅系统

根据宴会主题的不同，可以智能设定与之相适应的情景模式，如喜宴、生日宴等；与此同时，宴会厅的环境可设为温馨浪漫、卡通娱乐等氛围，其控制方式则可通过触摸屏、墙壁场景开关控制、智能手机或平板电脑等实现。

6. 会议服务

智能会议系统。系统对会议设备和会议环境进行集中控制，为会议活动提供智能化服务。在会议流程的各环节中，智能会议系统主要提供以下服务：在会议开始前，通过智能系统通知拟参会人员，对已经到位的工作人员，通过智能系统显示参会人员的席位卡，并且发布相关的会议信息和会议数据；在会议进行中，可对会议进行现场摄像和视像跟踪，实时同步直播，并可将会议影像同步转播至客房电视或其他会议室，同时提供即时翻译等功能；在会议结束后，可对会议实况的相关数据和信息进行整理，提供会议的全程记录和总结报告。在会议环境的智能管理上，通过简单的导航界面，即可对会议室的灯光、温度、电视、空调、投影、幕布等电器和设备进行管理。

7. 休闲娱乐

主要是以现代科技和装备为主要特征的休闲、度假、娱乐、运动类项目。

以上七大板块构成智慧酒店发展建设的主体内容，由于不同酒店的发展条件、现实需求、资金能力、信息化水平等方面具有较大的差别，因此智慧酒店发展建设的内容并不是同步进行的，也非全面推进。多数酒店宜采取重点建设、稳步推进、持续发展的策略。从长期来看，只有实现上述各系统、各要素的充分智能和全面联动，才能真正实现智慧酒店的发展建设。

第四节 智慧旅行社管理

一、智慧旅行社内涵及特征

（一）智慧旅行社内涵

对智慧旅行社内涵的界定并未达成共识，各家有各家之言，但是在智慧旅行社的界定上也并无太大差别，主要集中在强调信息技术的应用。

对于智慧旅行社的研究尚处于起步阶段，相关研究成果不多，因而智慧旅行社的定义还没有达成一致，但是从上述概念表述中不难看出，智慧旅行社的定义存在以下几种问题。

1. 主体表述不清

对智慧旅行社的定义落脚点有些偏差，智慧旅行社只是旅行社在现有及以后某段时间内发展所处的一个阶段，是在原有旅行社基础上增加某些功能或者渠道而已，不能称之为格局，也不能称之为新型旅行社。

2. 主次颠倒

智慧旅行社的创建离不开信息技术的应用，但是智慧旅行社的核心并不在于强调信息技术的重要性，而在于在运用信息技术的基础上能够更好地以上下游客户和游客为中心，为其提供更加及时有效的信息和便捷、个性化服务。

（二）智慧旅行社的特征

1."以人为本"的理念

就旅行社内部而言，"以人为本"主要体现在对人力资源管理中。在企业日常管理中，以"以人为本"的理念为出发点和中心的指导思想，使企业拥有良好的人文环境。

就旅行社外部对客而言，"以人为本"主要强调的是旅行社以客户需求为重要的价值导向，进行产品开发、服务提供等企业行为，通过信息技术等手段提升客户了解旅游信息、预订旅游产品、体验旅游产品的满意度。作为中介商，旅行社的本质职能就是在游客游前、游中、游后能够提供全面及时的旅游信息和高品质的旅游服务。如果旅行社在进行智慧化创建的过程中，仅仅偏重于技术的提升，而忽略掉智慧旅行社建设的核心——实现游客对旅游信息获取的便捷性和利用的感知度，不能帮助游客节省时间并提供清晰、明了、高质量的旅游指导和服务，也就失去了竞争优势，这将会导致游客不选择旅行社，而是直接与景区等供应商进行交易。

2.个性化服务

智慧旅行社在信息技术建设完备的基础上，应当做好线上、线下服务。在旅行社提供旅游产品的过程中，应抱着"服务至上"的态度，为客户提供高品质的游前、游中、游后服务。除了做好游前、游中服务，也应当做好售后服务，巩固和扩大客源，以争取每位游客的再次光临。

在如今客户需求多元化时代，在提供高品质服务的基础上应当重视为客户提供个性化服务。个性化定制服务不仅可以满足客户对旅游线路、酒店、交通方式等的个性化需求，也可以满足其对导游、客服等私人定制方案，从而提高游客对旅游的个性化体验，因而个性化服务是旅行社智慧与否的标志之一。旅行社网站几乎都有私人定制专栏，为游客提供不一样的旅游产品，以满足日益多元化的游客需求。智慧旅行社最重要的是让游客有一个完美体验，这涉及游程前、游程中和游程后的方方面面。例如在旅游过程中，能否给游客带来美好体验的关键在导游。现在导游的游客信任度较差。未来，可以通过建立金牌导游数据库，可以让大学教授在内的一流人才当兼职导游，根据优质优价的原则，市场配置导游资源，这样，无论是导游队伍还是游客满意度都会大幅改观。这些创新和改制，都可以依据"大数据"理论和实践来实现。再如，现如今各旅行社推出的"小团定制"服务，便是个性化服务的明智之举，之所以要做小团定制，是因为在散客化的时代，旅游产品的价格已经不是影响大多数游客选择的第一要素，游客开始越来越注重品质，大众化的旅游产品逐渐被游客抛弃，旅行社在自驾游、自助游、电商的冲击下要想不被边缘化，旅行社只有凭借实力，创造丰富、层次分明的产品才能吸引更多的游客。

旅行社在定制旅游产品时，会用更多的时间与游客沟通，给予游客更多的建议，而不是千篇一律的行程。自由、深度、专属，定制游完胜跟团游、自由行定制旅游以"自由、深度、专属"的特征区别于跟团游和自由行。"它的特点好比互联网思维下，游客会参与产品设计，提出需求，旅行社来完成产品制作。"

"如果把旅游比喻成产品，跟团游的决定权在于生产者，也就是旅行社采购好酒店、机票、景点门票等，然后组装成一个产品去卖。但这个产品是怎么制造出来的，游客不知道，觉得价格合适就买，不合适就不买。""定制旅游的提供方可以是旅行社，也可以是在线旅行社。"

定制旅游大致分为几种：初级的定制游，是根据游客的预算来进行简单的"机票＋酒店"组合；主题类的定制游，是旅行社不定期为小众群体设计的主题行程；完全遵循游客的需求来定制，游客去哪儿、住哪儿、吃什么都是高度定制。

对旅行社来说，中低端旅游产品的利润空间正在缩小，定制旅游产品是新的增长点。但是大部分旅游服务机构的服务水平、服务模式、管理系统还处于初级阶段，旅游产品与个性化需求的结合还不够，定制旅游的利润空间有待开发。

3. 可达性强

可达性，简单地说，是指从一个地方到另一个地方的容易程度。对于智慧旅行社而言，可达性强，并不在于地理位置上的可达性，而是客户的服务需求与服务获得之间的容易程度，简而言之，客户能否从多渠道获取需求信息。客户的服务需求已经不再禁锢于旅行社的宣传页上，也不再局限于广告牌上的宣传，客户的需求多种多样，因而要让客户尽快获得所需的信息与服务，不仅要完善官方网站旅游信息，也要抓住客户网络习惯，增加多渠道服务方式。现如今，客户喜欢用微信、微博等社交平台，智慧旅行社应当抓住客户这种习惯，开发社交服务平台，为客户提供便捷的服务，并且旅行社也应当加强搜索引擎营销，增强其可达性。

4. 信息同步、及时更新

智慧旅行社能够为客户提供准确、及时、有价值的信息内容，做到这点就必须在技术网络平台上对信息进行同步与及时更新。依靠技术支撑建立的信息平台要为客户提供便捷服务，除了大规模的平台建设，重要的是信息的及时更新与信息同步，能够让客户无论通过网站、新媒体、呼叫中心系统或者门店咨询等途径获得同样的新信息，达到线上、线下融合的地步。为了打通线下和线上环节，保证信息同步，国旅进入公司统一的管控网进行统一管理。

很多旅行社官网、新媒体的信息以月为单位进行小面积的调整，信息不及时更新，技术平台形如虚设，投入大量资金但是并没有好好利用，进而旅行社认为有了前期大量投资却没有得到好的回报，因而将技术平台束之高阁，久而久之则更是达到无人问津的地步。这样的行为方式不在少数，因而旅行社应当物尽其用，充分利用好的平台对客户提供高品质的服务。

5. 产品创新

服务和产品是打造智慧旅行社的重中之重，因此应当注重产品创新与及时更新，不仅是适应时代的要求，也是为客户提供良好服务必不可少的要求。在传统旅行社受到在线旅行社的冲击时，传统旅行社应发挥自己的优势，开发创新出更吸引客户的旅游产品。旅行社将短途旅游的旅游要素拆分开来，为客户提供单订优惠酒店、优惠景区门票、优惠交通工具等业务，给游客更多 DIY 的乐趣。

6. 技术创新与应用

技术创新包含两层含义。

第一，智慧旅行社的技术创新，其动力来源于政策、需求和技术 3 个层面，政府政策支持技术创新，旅游行业需求需要技术创新，技术演变推动技术创新，3 个层面促进智慧旅行社的技术创新。

第二，智慧旅行社的技术应用，不仅可以降低运营成本，使服务、管理、营销不再受时间和空间的限制，也能够实现旅行社的规模化运营。这是智慧旅行社技术创新的精髓之所在。

旅行社技术平台建设完成后，技术应当及时更新，以免造成资源浪费。如果有新的技术上市，应当根据自己企业的需要进行及时的技术更新。除了新技术的应用，还有成熟技术在旅游行业的应用也应受到推崇。

7.办公自动化

办公自动化是将现代化办公和计算机网络功能结合起来的一种新型的办公方式，是旅行社内部人员日常工作、运营和管理的办公方式。智慧旅行社的办公系统不再是纸张与纸张之间的对接与交流，而应该是网络的交流，在信息技术的支撑上，实现办公自动化，使企业内各环节的交流实现电子化的快捷运作模式。

8.资源整合

智慧旅行社不仅仅是与客户的交流，还应该与智慧旅游城市平台相连接，受到智慧旅游城市的营销与监管，并在此平台上实现与其他旅行社的资源互动与融合。资源整合还体现在其他许多方面，如跨业整合、异业合作等。例如与金融业进行跨界资源整合，从而达到互惠互利的双赢格局，而该种合作是旅行社跨界合作的重要途径。

二、智慧旅行社系统构成

智慧旅行社是建立在旅行社信息化基础之上并通过融入新的信息技术，从而提升旅行社的信息水平和服务质量，是旅行社信息化的新阶段和未来发展方向。智慧旅行社是一个动态的建立过程，能够随着信息技术的融合而得到长足的发展。其具体建设应依据一定的系统规范操作，该系统构成包含感知层和应用层。在信息技术平台、网络技术平台的数据收集基础上，将其应用在智慧服务、营销、管理等层面，从而为客户创造更大的价值。可将智慧旅行社分为业务智慧化、管理智慧化和新技术应用3个方面。其中，业务智慧化和管理智慧化是对智慧旅行社的基本要求，新技术应用是对智慧旅行社的成长性要求。

三、智慧旅行社相关术语

（一）在线旅行社

旅游企业的产品是所提供的一整套旅游服务的总和（包括食、住、行、游、购、娱），是旅游服务行业链条上多家旅游企业所提供服务综合起来的结果，单靠一家旅游企业无法完成。各类在线旅游产品，无论是团队包价旅游产品，还是半包价、小包价产品，诸如机票加酒店、酒店加景点，抑或是单项旅游产品，如机票、酒店、签证等，都可以通过在线旅游代理商提供。其本质是在线旅游中介服务商，为客户提供在线的旅游服务，例如在线咨询、在线预订、在线支付、在线评论、在线投诉、在线会员管理等。

（二）旅游电子合同

旅游电子合同也就是电子版的旅游合同，配合电子印章、二维码技术等信息技术可以实现旅游合同的在线填写签署、修改、上传备案、统计分析、监督管理的全套流程。这种合同方式的交易主体是虚拟的、广泛的。例如太原市旅游局为纠正低价收客、安排购物和自费项目收取不正当利益的不合理经营模式，规范旅游合同的签订和履行，要求旅行社全部使用电子合同。

（三）旅游电子行程单

旅游电子行程单即行程单电子文档，该电子文档是在签订旅游合同时双方所共同确定的行程单，记录着游客在跟团旅途中的吃、住、行、游、购、娱等要素内容和导游个人信息等，导游、领队在接待旅游团队时，依照旅游电子行程单的内容开展服务工作。

（四）旅游团队电子行程单管理系统

"旅游团队电子行程单管理系统"由中华人民共和国文化和旅游部推广使用，借助现代信息技术，对旅游团队运行全要素、全过程进行实时监控，切实保障游客权益和利用服务质量，将有效提升旅游监管服务水平。该系统是对旅游企业操作模式的一次变革，更是旅行社管理向智慧化、规范化、标准化的一次提升。一方面，该系统的全面推行和使用，将有利于维护旅游经营者和旅游者的合法权益，进一步规范旅游经营者的经营行为，打击"非法一日游""黑社""黑导""黑车"等不法经营行为，有利于旅游质监人员监管，促进旅游服务质量的提高。另一方面，进入"电子行程单"系统，从旅行社名称、导游身份、团队人数、到达和离开日期到线路安排、旅行大巴运行轨迹等信息能得到全方位显示，实现使旅行社与智慧景区的无缝对接。

四、智慧旅行社建设体系

智慧旅行社与传统旅行社的不同之处不仅体现在其是信息技术集中运

用的企业，也体现在其以客户为中心的理念之中。各级政府和企业从智慧管理、智慧营销、智慧服务3个层面进行智慧旅行社的展开，从而实现智慧旅行社的建设。其中，智慧旅行社应以信息技术平台和"三网融合"的网络平台为支撑，建立多个数据库系统，进行旅行社内部智慧管理，并以此为渠道进行智慧营销和在此平台上进行对客的智慧服务，此三者也有相辅相成的关系。

（一）旅行社智慧服务

智慧旅行社服务平台是客户对旅行社智慧与否最直观的感知，平台建设可分为旅游信息服务平台建设、呼叫中心系统建设等方面。此外，智慧旅行社服务平台建设还应包括网络平台监管、保障体系以规范旅行社行为并为客户提供保障、规避风险。旅行社的智慧服务作为智慧旅行社的核心部分，以上下游客户和游客为中心，通过高新信息技术的应用提升游客旅游品质与体验满意度，使游客在获取旅游信息、制订旅游计划、预订旅游产品、享受旅游产品和游后反馈评价整个过程中感知旅行社智慧服务所带来的超能体验。

1.旅游信息服务

现如今，绝大多数旅行社网站建设水平较低，在网络报价、网络预订处理、网络资源分析、网络客户接待、客户资料保存整理、网上支付等方面的建设还不完善。旅行社智慧化发展重要的一步就是旅游对客信息平台的建设，除了原有的短信服务平台，主要包括网站的建设、新媒体的建设等，以拓宽对客服务渠道，延长为客户服务的时间，延伸服务的地点。对旅行社企业来说，通过该平台能够以碎片时间较好、较快解决客户需求问题。

（1）智慧旅行社网站服务

智慧旅行社网站的建设内容更加完善、人性化、智能化，网站功能实用性也更加贴近用户。智慧旅行社官网与其他网络（如企业的官网、其他旅游网等）的链接较为完善，实现网络间的信息互通，便于浏览网页的客户能够快速找到其他相关的网络；在网站语言方面，旅行社还有待进一步发展，游客主体多样化驱使各网站应当尽可能丰富语言设置；关于旅游信息方面，旅游攻略、旅游资讯（主要指旅游行业资讯）、人气推荐、出行服务（包括天气查询等）等服务板块以游客的需求为重要导向；为满足游客对信息和社区互动的需求，智慧旅行社还设置互动专区，除了与旅行社互动，智慧旅行社还有游客互动专区，为游客之间交流提供便捷，其表现形式多样，如会员、俱乐部、论坛等；旅游卡，主要是为了方便游客查询旅游信息、在与旅行社合作的商家消费有何优惠等，旅游卡的出现提高了智慧旅行社的智慧程度。

（2）智慧旅行社新媒体服务平台

旅行社除了开发网站对客服务，还通过开设新媒体途径为用户提供服务。游客可以通过 App、网店、微信、微博等新媒体途径获得与门店订购一样的产品实时信息及服务，包括产品报价、线路行程安排、在线预订、行程提醒等。虽然各大旅行社推出 App、微信等时间不同，但是功能大体相同，因而以中国国旅为例来对智慧旅行社的新媒体服务平台进行阐述。

① App 客户端服务

我国现行旅行社 App 主要分为预订类、导游类和分享类三大类别，为充分比较三类特点优劣，归纳现有旅行社 App 的应用与功能范围特点，为进一步探讨旅行社 App 设计评价体系做准备。由此可见，我国主要旅行社 App 各具特色又互为补充，无论是预订类 App 方便快捷，还是导游类 App 信息丰富、分享类 App 紧贴生活，都极大地推动着旅行社业务的丰富与持续发展。但各类 App 仍存在不足之处。因此，为打造更切合市场的智慧 App，进一步实现旅行社智慧化，则需要我们深入分析，构建 App 设计的评价体系。

通过 App，用户拇指轻点即可在手机上完成旅游线路查询、旅游产品预订、在线支付等操作，享受在移动端的各项旅行服务。除旅游线路产品查询、预订及在线支付，用户可通过页面管理自己的订单、查看出团通知、维护常用联系人、参与在线问答等。根据地图提示选择就近的门市获取服务。版本支持支付宝、银联在线支付功能，方便用户使用移动端进行在线支付，从而支持客人在移动端完成从查询、预订到在线支付的全流程体验。在移动互联网快速发展、消费者行为由 PC 端向移动端转移的背景下，还将继续新增签证、邮轮等其他服务模块，并为消费者提供行前通知、行后满意度调查等贴心服务。同时，还将加大 App 线上营销活动力度，不断加强移动客户端服务功能，为消费者提供更好的服务体验。

②微信公众平台服务

用户只需关注，就将定期获得最新的旅游产品资讯，包括目的地介绍、产品优惠等图文信息；如需进一步了解相关信息，还可以向"微客服"提交问题，即时获取回复。另外，预订中心每日设置专岗值守的"微客服"，通过微信，微客服可方便地为客人推送网站中某线路的链接，指导客人在线查询、预订及支付，客人还可通过微信将报名表、身份证等报名材料拍照发去，有效地促进订单转化。

微信公众号新版上线后，更加突出体现服务号的服务功能。在微信营销方式下，用户的主动性更强、信息质量更加可靠、互动性更强且更具私密性，同时也可避免在巨大的互联网信息流中错过用户真正所需的信息。未来计划通过线上线下营销活动、平面广告、在线网站、门市店面、出团通知等媒介加大推广官方微信，通过微信平台推出更多互动活动，增加微信应用（如利用微信定位功能向客人推送附近的门市信息），通过与潜在客户交流，获得更多客户需求，让客户在了解国旅的企业及产品动态的同时，掌握第一手的旅游资讯，并为企业带来新的收入增量。

新媒体的运用大大提高旅行社与游客交流的广度、深度与便捷度，因而智慧旅行社必须有新媒体的运用才能满足游客多样化的需求，客户端可以使游客随时随地查询旅游信息、订购旅游产品等。客户端在旅行社中的建设比例还不太高，但是其可以和网店相互衬映。如果旅行社资金不够充裕，可以先在第三方交易网站上开设网店以方便对客服务。

③呼叫中心系统服务

伴随着新呼叫系统的正式上线，升级后的客户服务中心呼叫系统，借助业界领先的技术提供商的语音和网络技术，集成电话、传真、邮件、短信等多种现代通信工具，为客户提供更多渠道的联络方式，使客户享受到更为便捷的旅游产品的咨询、预订一站式服务。能为客户提供呼叫中心语音服务、旅游信息咨询、旅游产品预订、客户订单处理、客户投诉反馈管理等服务，实现了客户中心与客户的直接连接，尤其是当客户第一次消费、咨询或者反馈时能够为客户提供最直接有效的一站式服务。

2.跨业合作服务

跨业合作是指处于不同产业的企业因为某种业务而开展合作。传统旅行社与金融业处于不同的行业，因而两者之间的合作为跨业合作。旅行社的跨业合作行业主要是以金融业的银行服务为主，其他行业的跨业合作则相对较少。其中，以银行业务为主的金融业合作已使旅行社在此方面取得较高的客户评价。当然，当旅行社和金融业进行跨业合作时，会有跨业营销效应，但是跨业合作过程中，服务带来的效果更强，因而对于跨业合作只讨论跨业合作服务。

（1）与金融业合作服务

与金融业循序渐进的深入合作，不仅体现旅行社为更好地为客户提供方便，而做出更大的努力，也体现旅游业与其他行业的跨业融合需求。

在通过建立密切战略合作关系，在发展布局、市场协同、品牌运作等方面进行全方位合作，推动双方在旅游金融服务方面的合作发展，特别是通过双方在品牌宣传推广、旅游金融产品共同开发以及客户资源共享等全方面深入的合作，为广大旅游者提供最便捷、最专业、最值得信赖的一站式服务。

不断深入合作为旅游线路增添新亮点，为广大游客带来更加便利的旅游金融服务，进一步促进旅游产品销售。例如消费者可以在兴业银行遍布全国的多家营业网点向国旅总社提交签证需求，并享受到兴业银行一对一的咨询服务和申签指导，兴业银行将为消费者提供包括签证申请咨询、签证代传递、签证费用代收付等在内的一系列服务。

（2）与旅游相关企业合作服务

将合作业务扩展到旅行用品领域。在签订战略合作框架协议的基础上，全力打造旅游一站式服务。充分利用全球驰名品牌、良好的口碑以及海外市场高占有率等方面的优势资源，进一步提升品牌形象，为游客提供更好的增值服务。

3.形式多样的附加服务

智慧旅行社在提供旅游信息服务、跨业合作服务等服务之外，还会提供一些其他附加服务，如 Wi-Fi 服务、语言服务、体验店服务等服务以增加客户的旅游质感与满意度。附加服务形式多样，各旅行社不尽相同。

（1）境外 Wi-Fi 服务

在人们的信息使用习惯愈发移动化的今天，不管是旅行时拍个美图、发条朋友圈，还是和国内的亲朋好友联系，都需要随时随地能使用的移动通信服务。当境外实时通信、境外移动 Wi-Fi 等已经成为游玩时不可缺少的元素时，它就拥有极大市场发掘潜力。虽然境外移动 Wi-Fi 还未形成一个完整的市场，但是智慧旅行社在为游客提供"境外移动 Wi-Fi"服务上做出了有益的尝试。

（2）语言服务

对于出境旅游，语言服务的重要性不言而喻。因而在出境旅游如此火热的今天，智慧旅行社为游客提供语言服务是其体现高品质服务的重要举措。开启旅游和翻译业界的跨界合作，共同推广境内外多元化的语言服务。达成多方合作，联手为旅游行业用户奉上全新的服务体验，让全球用户顺畅沟通、随心走天下。

（3）体验店服务

体验店一般是以展示最新技术或产品、服务为主，不定期地联合一些合作伙伴举办专题活动，鼓励观众积极置身其中，参与互动。通过鼓励观众的参观与参与，与消费者建立有效的沟通渠道，收集顾客的意见，以便改进产品和服务。同时，通过消费者体验从而实现有效的体验营销。用"体验"来增强旅游附加价值，成为旅游业界的共识。

在当下的消费时代，能否给消费者带来的愉悦体验、全新的旅游文化体验，能否构建一种更为优质的生活方式，开始成为一个品牌的最终指向，也成为智慧旅行社向客户提供优质旅游体验的方向。

（4）网络平台保障服务

对旅行社交易平台上的服务进行要求，主要包括以下几个方面：交易服务的要求、售后服务要求、投诉处理等。交易服务要求方面：明示预订注意事项，提示旅游者与旅行社签订正式的包价旅游合同；售后服务要求方面：应建立在线留言等交互方式，平台应根据事先的约定或承诺，解决旅游者在旅游过程中遇到的旅行社产品质量问题，平台应为旅游者提供评价旅行社产品质量及旅行社服务的渠道；投诉处理服务要求方面，平台应明示投诉途径和联系方法、行业主管部门的投诉电话，为旅游者提供有效投诉处理渠道。

网络平台服务要求是国家制定的关于旅行社信息平台对游客服务的保障要求，不仅可以保障游客拥有安全、可靠、有据可循的旅游信息体验，也可以提高智慧旅行社的服务标准。

（二）旅行社智慧管理

旅行社的智慧管理主要是实现传统管理向智慧管理的转变。智慧旅行社管理平台包括企业内部管理体系和业务流程管理体系两大部分，前者使旅行社能够智慧管理企业内部事务，缩短办公的时间，使企业有更多精力服务客户；后者使旅行社能够智慧管理企业发生的业务流程。同样地，智慧旅行社管理平台需要保障体系的监管，以规范旅行社业务流程管理。

旅行社应与相关政府部门实现信息共享、相互协作，建立联合管理模式。例如旅行社加入省级的智慧旅游云计算中心等，以实现信息共享，并能使政府部门实时掌握与监控企业的发展动态。旅行社的内部管理智慧化则主要体现在办公自动化、业务流程信息化等方面，不仅使办公更加有效，也使产品策划，对游客和供应商的管理，对订单、合同、团队等方面更加有效。

1. 智慧办公管理

（1）智慧监控管理

为了更好地管理加盟商、子公司，约束加盟商、子公司的行为，应当运用智能监控系统等进行加盟店、子公司的统一有效管理，以防出现参差不齐的企业行为。现如今，大型旅行社为盈利盲目扩张，大肆进行加盟行为，因而出现了加盟商黑洞现象，使公司蒙受巨大品牌形象损失。其中多数投诉其实源自旅行社的加盟门店，而非直营门店。由此可见智慧监控管理的重要性：增加企业的控制度，以保证较好的服务品质。

（2）智慧行政管理

应用 OA 系统，实现公文管理、请示审批、计划管理、会议管理、资源管理、行政管理、办公指南、系统设置等在线管理功能，实行无纸化、网络化办公，以缩短信息传输时间并降低运营成本。一部分中小旅行社的计算机仅用来进行文字与财务处理，很少用于旅行社的信息化管理与对外经营，结果导致信息反馈滞后，不少旅行社内部各部门之间、部门内部的产品信息、客户信息不能共享，造成重复工作、效率低下和业务成本居高不下。

（3）智慧人力资源管理

实现完善的人力资源管理制度，建立现代企业组织架构（实现内部垂直分工），建立完善的员工考核、内审机制，实现业务系统与智慧行政、办公系统数据对接以实现自动化的绩效考核。

（4）旅行社财务管理

应用财务管理系统，实现收款、结算、付款等在线管理，业务数据在线实时监控管理。

（5）客户关系管理系统

客户关系管理系统的应用，使智慧旅行社能够运用该系统更好地管理客户资源，如记录客户的习惯、喜好、特殊需求等，进而更贴近客户的个性化需求。

2. 智慧业务流程管理

业务流程管理体系包括 B2B 资源采购系统、产品设计系统、订单管理系统、B2C 客户控制系统等方面。

B2B 资源采购管理系统主要包括供应商管理系统、同行分销管理系统、地接管理系统等，完成旅行社对产品的采购与分销。产品设计系统属旅行社核心业务层面，在产品设计时应注重产品的创新。订单管理系统不仅包含（电子）订单管理系统还包括（电子）合同管理系统等。B2C 客户控制系统包含（电子）导游领队任务单、（电子）行程单管理系统、车辆管理系统等。其中，电子行程单管理系统，以便快速、便捷统一管理电子行程单。车辆管理系统除了拥有 GPS 定位系统、车载网络系统，还要有车辆身份识别系统，便于游客、公司、景区、酒店等快速识别车辆。

3. 智慧旅游质量管理

智慧旅游质量管理系统使旅行社受到一定的外部制约，以更大程度地规范旅游市场，保障旅行社业可持续发展与相关客户的利益。通过该系统对行程单进行电子化备案，规范旅行社的行程安排。辅助导游证、手机定位等技术手段，对旅游行程进行实时监控，保障对游客的服务质量。还把电子行程单和门票联系到一起，持市旅游局备案的电子行程单才能以旅行社团队价格购买景区门票，这样可以有效杜绝黑导游。

（三）旅行社智慧营销

旅行社的智慧营销是指通过旅游舆情监控和数据分析，挖掘旅游热点和游客偏好，细分客户群，从而能够引导旅行社策划相应的旅游产品，制定对应的营销策略，从而推动旅游行业的产品创新和营销创新。同时，旅行社的智慧营销还应充分利用新媒体传播、社交特性，吸引游客主动参与旅游的传播和营销，并通过积累游客数据和旅游产品消费数据，逐步形成自媒体营销平台。

1. 在线旅游营销

（1）在线 B2B 营销

传统旅行社常与第三方在线旅游平台合作进行产品营销。此外还有旅行社之间的在线平台营销，达到共赢态势。

（2）在线 B2C 营销

①线上营销

旅行社除了开发线上旅游交易扩展旅游业务，还通过开设 App、网店、微博、微信等途径进行营销。游客可以通过 B2C 网站、呼叫中心、手机短信等途径获得与门店订购一样的产品实时信息及服务，包括产品报价、线路行程安排、在线预订、行程提醒等。旅行社通过利用微信、微博等新媒体进行营销，充分利用新媒体传播特性，吸引游客主动参与旅游的传播和营销，并通过积累游客数据和旅游产品消费数据，为客户提供更加个性化的产品与服务，以社交为导向，使营销渠道多元化，增强客户黏着度，从而保障数据服务能力。旅游广告投放呈现多样化，旅游产品营销将迎来"微时代"。

伴随着微博、微信、微电影的快速发展，现如今，旅行社的广告投放不再局限于广播、报刊等传统形式，微博营销、微电影营销等新颖营销方式层出不穷。有业内人士表示，旅行社的产品营销将迎来全新的"微时代"。

事实上，小到地方性景区宣传，大到国家级旅游推广，微电影、微博、微信等几乎已经成为目的地营销最炙手可热的选择。"微时代"大环境下，新型传播方式的快速发展，带动新的营销方式的出现。同时旅游"微营销"得到旅行社重视，成为其树立品牌形象与推广产品销售的重要渠道之一。

随着手机、互联网等电子设备的快速普及，人们的旅游消费模式发生了新的变化。互联网已经成为游客收集旅游信息的一个重要平台，旅游企业只有探索网络营销的新路，才能在大环境下的现代旅游服务中拔得头筹。

②搜索引擎营销

旅行社付费在各大搜索引擎（比如百度、谷歌、雅虎等）上登录自己的企业网站，使得客户在使用相关关键词进行搜索时可以很快找到这些企业网站，通过点击网站、网页进一步了解其所需要的信息并引导客户消费倾向和购买行为。根据 CNNIC 的研究显示，搜索引擎是旅游用户在线获取旅游信息的首选渠道，占比近八成。因而智慧旅行社很重视搜索引擎营销。例如为了使国旅在线的用户享受更加快捷精准的移动旅游服务，进一步提升用户满意度，开通百度直达号服务，最大限度地提高客户访问官方网站的便利性。

2. 门店智慧营销管理系统

门店智慧营销管理系统是有别于以往的简单向游客介绍旅游信息的销售形式管理系统，运用高新技术使展示、解说、销售等更加智能化，也更加人性化。

自主研发的平板销售展示系统，不同于以往旅行社门店使用的 ERP 管理系统。传统 ERP 系统多为供销售人员使用，用于向用户介绍产品；如果用户感兴趣，销售人员则打印出来供用户做进一步选择。而该平板销售展示系统，界面更加友好、图文和多媒体内容更加丰富，用户更加容易加深对目的地和备选产品的理解，从而增加选择、预订的可能性。平板电脑端考虑用户隐私性的保护，如果用户只想值机看信息，那么可以仅在平板电脑端显示；如果想与销售人员沟通或想通过大液晶屏显示，则可以通过 Wi-Fi 直接同步到大屏幕，与亲友一起讨论。液晶屏也可以单独播放目的地广告和旅行产品信息，能与平板电脑实现交互或独立播放功能。考虑到部分用户的使用习惯，新平板销售展示系统保留了订单打印，方便用户对感兴趣的形成保留纸质宣传内容，方便携带和与亲友讨论，并随后可以通过官方网站，实现线上预订。同时，智能数字化内容为主的体验中心，保留了传统纸质宣传册，供不同年龄层客户的需求。

五、智慧旅行社建设的内容

（一）面向旅游管理的应用层

智慧旅行社面向经营管理的智慧建设是重点，因为旅行社经营涉及复杂的协作网络和各种类型的应用系统，除了内部业务流程管理的内容，还有复杂的外部协作业务的管理内容。这些管理都是建立在数据基础上的各种应用系统，下面选择几个主要的管理型应用系统进行介绍。

1. 团队游客管理和旅游电子合同管理系统

游客管理主要是为了有效销售和客户维系，挖掘有价值的客户资源，智慧建设主要针对游客客户的服务需求展开：智慧旅行社的电子合同管理是智慧建设的重点，它影响到组团的效率和管理能力。合同中须对目的地、旅游线路、住宿标准及酒店名称、行程详细安排等做出明确标识，提供手写签名设备，供用户进行手写签名，与数字签名绑定形成电子签名。系统可打印出带光学水印和二维码的防伪纸质合同，对合同进行统一编码管理并通过专门流程上报管理部门，作为备案。游客可通过合同编号登录旅行社信息门户网站查阅合同电子文本并核对。这些管理都和销售管理与营销管理对接（通过数据服务的策略），可提高旅行社经营的效率和效益。

2. 导游管理系统

系统可为旅行社的导游进行业务档案管理和业绩管理，为旅行社所属的导游建立导游电子档案并与导游证编号相互关联，实现在线化的管理；也可实现对义工导游的管理，当业务需要时可以随时通过网络互动，相互感知导游管理上的需求。游客可以通过导游证编号查询导游的行业记录和资质年检情况。

3. 车载定位监控系统

该系统可对旅行车辆进行可视化管理，针对旅游大巴、景区公交等车辆，通过 GPS 定位等技术进行实时跟踪和监控管理，也可对客车的异常行为，如汽车司机违规驾驶、行车路线偏离预定行程、异常停车等情况采取询问、警告、报警等即时处理，保证车辆系统运行的安全、可控。

4. 旅行社服务质量跟踪及游客互动系统

该系统具备游客投诉，处理流程跟踪、满意度调查等功能。对服务过程及服务质量进行实时记录和可视化管理。系统通过互动的功能，及时反馈游客互动和诉求信息，编制游客评价等级机制，通过互动及时了解客户的潜在需求，这对提高游客的满意度起到积极的督促作用。该系统既可以独立运行，也可以嵌入门户网站以及其他针对游客的服务系统中。

5. 旅行社在线 OA 管理系统

该系统可实现敏捷的移动式行政管理，通过内网和移动互联网的互联互通，使行政命令随时随地保持畅通。系统拥有明确的操作，查阅权限等级机制，并建立合理的 OA 系统工作流程机制，实现了旅行社敏捷的精细化管理。该系统和所有业务系统都可以互联，具有完善的信息安全保障机制。

6. 旅行社电子行程单管理

该系统可预设旅游行程单电子模板，便于行程单设计和管理，系统对电子行程单进行统一编号管理，游客可通过编号查阅电子行程单并可组装嵌入其他系统中供查询使用。

7. 旅行社运营管理信息系统

该系统是旅行社综合性的经营管理系统，包括旅行社经营管理的所有业务，如产品设计、线路设计、自由行管理、财务管理、协作管理、人力资源管理、综合管理等。系统既要有与门户网站对接的接口，又需要外链接口、业务分销的接口，以及各团队上报数据的接口等。

8. 大数据建设内容

旅行社的大数据建设其实是数据中心建设，要把管理、服务所用的数据整合起来，形成智慧分析的数据基础。数据基础考虑更多的是内部数据，而大数据建设考虑更多的是外部数据如何接入和使用，应包括平台架构建设、数据整合策略建设、数据分析工具建设、外部数据接入建设以及互联网数据使用策略等建设内容，还包括数据服务的建设内容，使得旅行社服务、管理、营销的数据集能有效、便捷地提供给需要的人或部门使用。

（二）面向公众和游客服务的应用层

面向公众和游客服务的应用层体现了旅行社的智慧服务能力，这是针对游客能获得服务体验的关键内容。它的建设基于自己的网络基础和移动互联网，包括电子商务系统和导游领队服务系统，以及客户关系管理系统等其他应用系统。

1. 旅行社电子商务系统

旅行社电子商务系统是一个集成的服务系统，提供商务服务、信息服务、微信交流和支付、业务结算等功能。系统能实现网上预订、电话预订和网上支付，支持移动互联网电子商务和第三方支付功能。系统还具有旅行社电子商务诚信评价体系，历史记录查询以及个性化销售等应用功能。建设的内容包括门户网站、渠道信息接驳、在线支付系统、第三方渠道接口等。

2. 旅行社导游领队服务系统

该系统面向游客，可实时推送行程信息给团队游客，并与导游、领队进行实时沟通。系统还包括同业信息、招聘信息，进行旅行社计调管理等功能，满足旅游中个性化服务以及灵活变动服务的需要。系统可帮助导游、领队进行行程管理、团员管理、导游报账、导游求职、费用上报等多项业务，满足团队游人性化和个性化服务的需要。目前该系统有基于手机和基于平板电脑等应用形式，也有 App 供游客和导游下载使用。

3. 旅行社客户关系管理系统

该系统的基本功能有建立客户档案、分析客户业绩、关系营销、自动销售、维系客户关系等，扩展功能可以包括数据分析、自动营销以及呼叫系统等。系统通过对客户的管理，将客户作为市场资源进行运作，分类为客户提供个性化的服务。同时系统可以分析客户相关信息，为经营中的价格决策、营销决策、关系维系等提供数据支持，从而实现专门针对关系客户的自动营销和自动销售，最终提升旅行社的经营业绩，也提高了常客的服务满意度。扩充的客户关系管理可以挖掘客户价值，实现旅行社的精准销售。目前该系统基于互联网，也有手机客户端为常客提供服务。

（三）面向旅游营销的应用层

面向旅游营销的应用层体现了智慧营销的能力，目前建设的内容主要利用移动互联网和社交网络，广泛地开展网络营销，智慧性地选择营销渠道，使营销效果达到最佳。这个层次的建设内容主要包括以下几个核心系统。

1. 旅行社自媒体营销系统

自媒体营销可以自己控制发布信息的准确性、实时性及营销效果，并把营销成本降到最低。该系统具备自己可控的信息发布平台（如官方网站、博客、微博、微信等），具备能直接营销到的用户群（网站注册用户、微博粉丝、微信好友等），而且可以快速地把营销信息推广出去。系统具备可以独立开展的营销活动（免费旅游产品赠送、微博／微信抽奖、有奖点评等），也可以和第三方联合开展营销，更可以和分销渠道协同开展市场营销。

2. 旅行社竞争力分析与提升系统

这是旅行社开展营销前的自我评价和分析的应用系统。该系统先对旅行社经营数据进行准确分析和总结，支持旅行社的营销决策；然后通过对旅行社行业市场的竞争力分析和比对，充分利用国内外旅行社竞争力的研究成果，构建突显旅行社行业竞争力的模型及其评价体系，丰富竞争力提升的方法和手段，有针对性地选择营销渠道和网络营销方式。

3. 旅行社舆情监控分析系统

该系统可实时动态监控旅游市场舆情发生，掌控和引导网络舆情的变化，以便选择合适的网络营销对策和投放内容。该系统可与第三方研究机构、在线旅游平台、旅游企业之间建立信息收集与交换机制，实时开展旅游舆情的智能分析并发布舆情处理的结果。系统还可以制造热点，引领网络舆情向有利于经营的方向转变，以提高营销的传播效果。

4. 旅行社旅游营销效果评价系统

旅行社的旅游产品营销是根据不同的产品选择不同的营销渠道，如自由行产品投放在社交网络渠道会有比较好的营销效果。该系统根据各渠道导入的网站流量、咨询量、预订量等，判断各合作网站渠道的营销效果，通过评价分析逐步筛选出合作效果较好的网络营销渠道。该系统能实时分析旅游市场竞争力的营销薄弱环节、网络渠道影响力等环节，从而可以确立旅行社营销的合作伙伴，网络营销的方式以及内容投放的频道等，从而提升旅游营销的决策效果。旅行社的智慧营销有许多不同的应用系统，尤其是在移动互联网环境下，许多旅游服务系统都具有营销功能，读者可以通过网络自行了解这些个性化应用系统的功能和应用。

六、智慧旅行社的新业态

（一）传统旅行社如何向智慧旅行社转型

对于新诞生的电子旅行社，其转型相对比较简单，比如途牛、携程、艺龙、同程等，这些新型的旅行社一开始就直接建立了信息化的平台，提供的是在线服务，其业务流程基本都是在线化的电子流程。这些电子旅行社的后台、前台都是在线平台的操作方式，广泛使用了信息技术，已经向"智慧化"迈出了坚实的第一步。

传统旅行社要转向智慧旅行社，在信息化建设的道路上必须进行理念上的、组织构架上的或技术平台上的全面的再造。因为在线和离线的服务模式是不同的，这种再造使得旅行社的业务信息实现在线一体化：由信息化带动整个一体化，由信息化带动重组一体化，由信息化带动在线一体化。就是说，所有岗位，从总经理到销售、前台、后台、财务人员都要在线化、信息化，只有这样旅行社的经营才能智慧起来。在旅行社销售方面，要建立呼叫中心、微门户网站，而门店后台也要有在线预订，财务要建立在线结算，包括网上支付的开通都需要有信息化平台的支持。现在的门店系统、电子商务系统都进行了完善和升级改造,通过在线化、信息化走向智能化,最终实现"智慧化"的旅行社经营。另外,由于智慧旅游基于在线,突破了时空的约束,所以用信息化的技术提供传统的旅游产品(用在线的方式做传统旅游),也需要突破时空。传统旅行社要突破,要选择全国各地的产品,在各地建立自己的产品研发中心、采购中心,建立自己的地接服务保障体系,这些都是传统旅行社转向智慧旅行社所要做的基本工作。

(二)智慧旅行社的技术应用

智慧旅行社的建设有多种应用的途径,有的是从办公自动化的途径去发展智慧建设,有的是从资源管理的角度去建设智慧型的系统,不管从哪个角度,旅行社的智慧建设都需要围绕管理与服务的核心,用智慧的理念提升管理和服务质量。在现阶段,智慧旅行社建设必须从在线服务和在线管理的应用开始,选择有效的技术应用去建设智慧型系统,如旅行社组团管理系统,旅行社经营核算系统、旅行社网络营销系统等。然后用平台整合这些系统形成有效的数据中心,用数据中心逐步实现所有业务流程的数据化、在线化,从而形成相应的旅行社智慧型服务综合平台。下面简要介绍智慧旅行社建设中的几个主要技术应用。

1. 旅行社的 OTA 模式

OTA 是指在线旅行社,是旅游电子商务行业的专业词语。这里的 OTA 指传统旅行社的在线应用,利用 OTA 开展了在线组团、自由行、定制旅游等产品服务。这些旅行社通过 OTA 模式提供专业的在线服务,实现网上的旅游产品预订,包括自由行产品、定制服务产品、休假旅游产品等。OTA 的出现将原来传统的旅行社销售模式放到网络平台上,更广泛地传递了旅游线路信息,互动式的交流更方便了客人的咨询和订购,从而引领旅行社经营走向智慧。但传统的旅行社如何开展 OTA 服务,如何把传统的旅行社与 OTA 结合,目前仍然是发展中研究的热点。专门的 OTA 企业,如携程、同程、去哪儿等,如何与传统旅行社融合发展,是 OTA 模式发展中面临的新问题。旅游发展的散客化趋势已造就了一批新型的旅游模式,它们利用 OTA 模式占据了国内巨大的在线市场,已严重倒逼了传统旅行社的生存环境。据相关统计,我国 90% 以上的旅行者不是通过传统的旅行社,而是通过 OTA 预订产品的。

为了适应旅行市场在线化的发展，改善自身在旅行社业态的不景气，港中旅、中青旅、国旅等大型旅游企业，也都开展了在线业务建设并建立了自己的电子商务平台，以保卫自己的市场份额。这些大型旅行社在线业务的发展，也说明了智慧旅行社发展的必然，智慧建设必须在线服务先行。

传统旅行社要突围自己封闭的墙，必须利用 OTA 模式实现全面的业务在线化和数据化。之前，国内的很多旅行社交易平台网站的服务水准和服务能力没有实质的提升，只提供预订服务功能，不提供旅行服务，对第三方提供的产品不负责确认真实性，也不对旅游者的体验过程负责，从而影响了在线服务的进一步发展。一些网络平台甚至只提供静态信息展示和卖家的联系方式，无法在线预订和提供实时服务。如今，传统旅行社越来越意识到在线服务的重要性，大多开始建立自己的网络平台，像携程这种网络平台也在建立自己的目的地接待体系，旅行社与网络平台出现一个深度融合的局面，从而演变成一个旅行社的 O2O 发展模式。从旅游服务的专业性和质量保障看，网络平台与旅行社相互融合的 OTA 模式将是旅行社发展的主流，已经逐渐转变为一种智慧旅行社的应用模式。

2. 旅行社 ERP 技术

ERP 技术在一些大型旅行社得到应用，将传统的表单报团流程向电子化流程推进，业务操作均以电子化的方式完成。访问咨询—个性化行程定制—销售人员接洽—销售人员将订单交予计调部门处理—计调部门与地接供应商联系等全流程电子化。ERP 技术与门户网站的无缝对接，形成了旅行社特有的电子商务系统。经营者利用趋于完善的电子商务平台，以网络为媒介与客户进行沟通并完成交易或实现了组团的自动化。从客户访问咨询开始，就进入电子化的业务流程。这种以 ERP 技术为基础的模式，也逐渐转变为智慧旅行社建设的一种应用模式。

3. 旅行社客户关系技术

客户关系技术已成为智慧旅行社建设中的重要技术应用，以支持旅行社营销决策。CRM 系统在客户资源、智能存储、分析客户相关信息数据（如来源地、游客偏好）等应用的基础上，已逐步开展对客户信息进行各类统计分析、提供客户关怀（如节日 / 生日祝福、出行提醒）、统一发送产品相关信息、自动营销等应用研究。CRM 系统还具有记录业务过程中未成团（未达成最终交易）的客户信息，分析和汇总原因，便于日后开发潜在客户。此外，CRM 系统还具备内部管理的功能，在帮助销售人员管理成团（已完成交易）信息的同时，既是销售人员绩效考评的依据，也是公司组织员工内部培训的重要资料来源，因此 CRM 将成为智慧旅行社不可缺少的应用系统。

4. 供应商管理和在线采购技术

这是旅行社偏重采购管理的智慧型技术，利用该技术可实现对供应商的基础信息、资格管理、价格管理、合同管理、采购过程等全程控制，实时查询供应商产品资源以及采购、付款情况，其数据在业务系统和财务系统中可实现同步。在线采购系统可以实时查询景区景点资源，在线采购门票、饭店、交通工具、旅游保险等服务产品，并实现在线采购合同管理及在线的支付功能。该技术通过在线系统的统计分析，可提供核算报表，根据结果进行快速的采购决策，有利于旅行社控制业务成本。在线采购系统非常适合大型旅行社以及联合型经营的旅行社实现统一采购。

5. 电子合同及订单管理技术

旅行社的电子合同是目前智慧管理中的难点，目前已有旅行社开始应用在线电子合同，如浙江旅游信息中心应用的旅行社电子合同管理技术。利用该技术可在线完成电子合同的填报、打印，电子合同在线统计、查询与分类管理，向主管部门的在线申报与备案等。而有效的订单往往和电子合同联系在一起，通过网络组团报名的订单都要填写电子合同，通过在线的方式填写电子预订单，实现预订单的在线流转形成有效的电子合同及订单管理技术。该技术通过使用电子预订单，可收集客户信息，形成数据库，并与 CRM 系统对接，通过在线的方式交换电子订单，实现有效订单的在线流转，从而形成规范化电子行程单，并对行程进行在线监控，通过对数据的分析，实现行程预报和预警机制。该技术还具有在线订单结算功能，对结算单进行统计管理，并借助在线系统进行财务数据交换，完成业务的统计和监管。

（三）智慧建设的主要业务管理系统

1. 管理信息系统（MIS）

智慧旅行社的业务主要依靠 MIS 进行管理，经营管理中的预订、接待和办公自动化等都属于管理信息系统业务内容。智慧型 MIS 的实施涉及旅行社的各个部门，旅行社靠 MIS 来提高业务的智慧处理效率，是旅行社智慧管理的主要技术系统。

2. 计算机预订系统（CRS）

CRS 是一个旅游业内部的专用预订系统，一端连接航空公司、饭店等服务单位，另一端连接各地区的旅行社单位，用于预订机票，客房等服务，同时还可用于连接单位间的费用清算。智慧旅行社主要用 CRS 开展预订业务和旅行社的营销。计算机预订系统不但提高了旅行社业务处理的效率，而且为旅行社带来了更多的订单，产生更大的收益，是旅行社智慧管理和智慧商务建设中的主要系统。

3. 客户关系管理系统（CRM 系统）

该系统是客户关系技术在旅行社的具体应用，建设的重点是挖掘有价值的客户，维系已有的老客户，为客户创造收益。智慧旅行社依靠 CRM 系统对客户关系进行统一管理，并为关系客户实施自动销售和一对一营销。依靠 CRM 系统可以在经营中以客户为中心，通过有效的关怀管理提升客户满意度，培养旅行社的忠诚客户，提升和挖掘客户价值。该系统使旅行社实现了敏捷服务及差异化服务，是智慧服务建设中的主要技术系统。

4. 网站系统

智慧旅行社有自己的网站，由公司网络部的员工进行管理和维护，并且加入了第三方网站。它在网站上发布产品相关信息，销售和管理旅游包价产品。旅游者通过它的网站搜索旅游信息，预订、购买自己喜欢的旅游产品。网站作为一个信息交流平台，使旅行社与旅游者、旅行社与供销商、旅行社之间的信息传递不再受时间和地域的限制。在网站上与客户进行互动交流，也提高了旅行社的营销效益，是智慧服务和智慧商务的主要技术系统。

智慧旅游建设是近些年来活跃在旅游经济舞台中的新趋势。旅游业自身的性质、特点以及社会信息化、经济网络化，决定了旅游业具有发展智慧型电子商务得天独厚的优势，发展旅游电子商务也成了传统旅行社的必然选择。智慧旅行社的建设和发展对改变人们旅游的方式产生了极大的影响选择在网上预订旅游的旅客越来越多，在线服务越来越普遍。因此，旅行社必须抓住信息化时代的机遇和挑战，努力去适应网络时代的变革与发展，利用电子商务为游客提供更个性化，更满意的旅游服务，实现旅行社经营管理的创新、提高旅行社的竞争实力，促进旅游电子商务不断完善健康地发展。旅行社的智慧建设围绕电子商务展开，目前还是缺乏有效的智慧服务，如自建网站平台发布的一些旅游线路缺乏智慧选择的服务，还缺乏在线旅游视频的热点信息。可以围绕门户网站的智慧营销开展一些实质性的系统建设，如基于O2O的订单管理系统，从而促进在线旅游者的出游率，增加旅行社的线上交易量。

旅游电子商务是旅游业中增长最快的领域，而且对传统旅游业的运作方式具有一定的颠覆性，这种颠覆性在旅行社行业表现得尤为突出，电子旅游服务商正以完全不同于传统旅行社的新模式改写着旅游发展历史，创造着奇迹。因此，传统旅行社以电子商务作为突破口开展智慧建设，是一个明智的选择。

第四章 智慧旅游营销

第一节 智慧旅游消费行为分析

一、智慧旅游对游客消费行为的影响

随着移动互联网、物联网、大数据、云计算等技术在旅游行业的深入应用，新的旅游出行方式、体验方式和服务方式不断出现，这给传统的旅游业带来了革命性的变革，智慧旅游也随着时代的发展应运而生。智慧旅游时代的来临也必然会对游客的消费行为产生巨大的影响。

（一）游客消费行为

世界旅游组织对旅游消费的定义：旅游消费是指由旅游单位（游客）使用或为他们而生产的产品和服务的价值。旅游消费行为是个体在收集有关旅游产品的信息进行决策和在购买、消费、评估、处理旅游产品时的行为表现。从经济学的角度结合旅游者心理、经济支持、社会体验等多角度分析了旅游者消费行为模型，研究我国旅游者消费模式与行为特征，发现旅游者消费遵循效用最大化消费模式；在文化维度上，旅游以审美和愉悦为指向目标的行为，表现为审美需要（包括审美态度、审美注意）、审美动机（包括审美期望）、审美体验（包括知觉、想象、理解、情感）和审美思考。

运用心理学测量算法，提出旅游动机模式为：对某旅游对象的旅游动机（旅游对象的形象／对旅游对象所持的心理距离），旅游动机与旅游形象成正比关系，与心理（物理／地理）距离成反比关系，并分析影响旅游动机的两个重要参量：旅游形象的好坏取决于这一旅游对象所具有的特性在多大程度上满足旅游者的欲望和需求，以及由于地理、政治、经济、宣传、旅游设施、社会治安等因素影响下的心理距离。

（二）智慧旅游背景下游客消费行为模式

在智慧旅游背景下，信息技术的支持给消费者的购买决策带来了新的变化，旅游消费者购买旅游产品的消费模式具体可归结为以下几点。

1. 认识旅游需求

随着居民收入水平的提高、国家法定假日的增多、社会基础设施的完善，我国旅游市场呈现出迅猛发展的势头，消费者追求多样化及个性化旅游产品的时代已经到来。旅游消费过程始于认知旅游需要。旅游需要的引发往往是旅游者内部驱动和旅游企业或目的地营销机构外部刺激共同作用的结果。传统旅游中，旅游消费者对旅游需求的认知通常是主动产生的，主要是为了消除日常工作造成的紧张情绪、娱乐游玩、开阔视野、在游玩中增进与亲朋的感情，这是对购买旅游产品的认识问题阶段。在智慧旅游背景下，外部刺激主要来自两个方面：第一，旅游网站的营销刺激；第二，社会参照群体的刺激。前者表现为由旅游供应商网站、旅游中间商网站、旅游目的地网站以及门户网站旅游频道等构成的旅游网络促销平台上发布的宣传文字、景点图片、折扣信息、视频短片等，后者表现为旅游者在博客、播客、社区、论坛等虚拟空间构成的旅游社会性网络上发布的文章、照片、视频和音频文件等。借助智能推荐技术、智能搜索技术等，这两类外部刺激会变得更有针对性、更有引领性。

2. 信息的搜集

在传统旅游模式中，消费者搜集相关旅游产品信息的主要途径包括旅行社、亲戚朋友、相关旅游网站的介绍等。随着智慧旅游时代的到来，旅游消费者搜集相关旅游产品信息的途径不仅仅局限于旅行社、亲朋以及相关旅游网站的介绍，在大数据背景下，可供旅游消费者搜集到的信息呈现爆炸性的增长，这为消费者搜集旅游产品相关信息提供了极大的便利。

3. 设计个性化的旅游产品

智慧旅游的相关旅游信息是在现有旅游资源的基础上形成旅游信息数据库，该数据库包括各种旅游信息的模块，诸如景区景点解说、购票实时信息、旅游设施的预订及使用情况等。旅游消费者可以在相关网络信息技术的支持下，通过手机等便携的网络终端设备，利用现有的模块化的旅游信息，方便、快捷、随心所欲地规划和设计自己的旅游行程，为自己量身定制个性化的旅游产品。模块化的数据使不同消费者需求的满足变得简单可行，为旅游消费者对产品的自主化设计提供了极大的发挥空间，消费者可以定制自己开发的、适合自己需要的个性化旅游产品，充分展现智慧旅游的个性化服务。

4. 购买决策的调整

游客需要决策的问题除了是否出游、选择哪个旅游目的地、选择单项旅游产品还是组合旅游产品、选择哪些旅游服务供应商，还要对购买方式做决策，如在线预订还是网下预订，在线支付还是网下支付，等等。智慧旅游背景下，游客做出购买决策，除了会考虑现实环境中自身经济状况、闲暇时间等因素，还会参考虚拟的各种旅游新媒体中其他游客的旅游消费体验和服务质量评价，当然游客自身对网络信息服务质量的感知效果更是尤为重要的考虑因素。因此，游客的购买决策对网络与新媒体产生了更多依赖感。

5. 旅游体验和计划的调整

旅游是一种体验活动。旅游消费者需求的不是旅游产品本身，而是一种伴随旅游产品的消费所带来的独特的经历或感受。智慧旅游为旅游消费者积极主动地参与旅游产品的设计提供了可能，通过旅游，消费者参与旅游目的地当地居民的衣食起居活动而增加了旅游体验的互动性。传统旅游中旅游消费者在购买既定旅游产品后，只能按照既定的行程实施旅游计划，而在智慧旅游中，旅游消费者可以通过互联网、手机等终端设备，结合智慧旅游提供的云计算等各种智能计算技术，随时感知与整合各类信息，根据需要可以随时调整行程，实现旅游智能化的决策、控制和个性化服务。

6. 旅游评价和分享收获

智慧旅游背景下，游客在旅游评价方面最大的变化是即时性，一边旅游，一边通过微信、微博等网络渠道传播自己的感受、心情与体会。这些反馈信息最终通过搜索引擎的映射链接，被其他游客搜索并作为其购买决策的指导。这种评价的即时性无疑给旅游企业、景区管理者带来了巨大挑战，使其务必更好地坚持顾客导向，为每一名游客提供最好的服务。智慧旅游使游客对旅游体验分享的方式和手段多样化，比如通过在目的地拍摄的照片记录自己的游览路线并添加游记分享于各种社交网络平台；可以将照片与Google地图上的空间位移进行关联并与朋友分享，当这些网络好友分享到这些旅游体验后，一般都会做出相应评价，甚至会转发给其他好友。因此，旅游营销者必须高度重视这种分享的网络互动性，充分发挥电子口碑营销作用，树立并提升形象。

二、智慧旅游时代游客消费行为特征

在过去，游客的出行主要依靠旅行社，出行方式、出行时间、游览线路都有相对的固定模式。这是因为当时信息不对称。现在，我们出行依靠互联网，特别是移动互联网。旅游产品可以依托互联网由部分要素供应商提供，催生了自助游。线上预订、分享、投诉、查询等都可以通过互联网实现，这也是互联网时代的旅游需求。旅游业凭借互联网的便利性、广泛分布性、资讯丰富性、创新性等特点，使智慧旅游时代的旅游消费者获取信息的渠道更广，并且使旅游者购买旅游产品更加便捷。相对于传统的营销模式，旅游消费者在智慧旅游时代表现出个性化、独立性、便捷性、分享性等特征。

（一）个性化

智慧旅游时代旅游消费者最突出的特征就是个性化。传统旅游产品的设计是以旅游中间商为主，旅游中间商确定了旅游线路、乘坐的交通工具、旅游景点的选择等，提供的主要是固定产品的包价服务。如果旅游者有不同的旅游需求，只能接受旅游中间商提供的模块化的旅游产品。智慧旅游时代，随着互联网的普及和电子商务的发展，为旅游者个性化的需求提供了一个巨大而自由的空间。凭借先进的网络平台做支撑，旅游者可以定制适合自己的交通工具、旅游线路、宾馆等产品，将自身独特的旅游需求传达给旅游供应商，享受个性化的旅游体验。

（二）独立性

随着个性化时代的到来，智慧旅游需求明显朝着个性化方向发展，旅游者的消费特征越发地呈现出独立性。旅游在本质上讲求的就是旅游者追求一种愉悦、求知的心理历程和独特的体验。这种体验和经历完全是受个人主观上的感受。智慧旅游时代，互联网给旅游者提供了彰显个性的绝佳平台：功能强大的搜索引擎、巨大的信息资源库、丰富多彩的表现手段、自由舒畅的沟通交流渠道等，在任何时间，只要手指轻触鼠标或屏幕，就可以轻松得到自己想要的信息和产品。

（三）便捷性

在传统的旅游消费时代，旅游者选择旅游产品往往需要花费大量的时间和精力。而在当今快节奏的时代，人们越来越重视时间和成本，因此消费者更讲求便捷性。网络可以使旅游消费者迅速获得大量信息且可以货比三家，同时凭借电子商务的发展在网上实现便捷的预订和支付，省去不必要的麻烦，提高选择和购买的效率。

（四）分享性

智慧旅游时代，旅游消费者凭借互联网这个有效平台，不仅可以获得需要的旅游信息，还可以主动发布信息和分享经验。消费者根据自己的社交网络和兴趣爱好聚集在网络虚拟社区，当完成一次旅游之后，会通过社交网络媒体分享给大家，通过互动交流将美好的旅游体验和糟糕的旅游经历影响扩大，通过口碑传播给更多的潜在的旅游消费者。分享性的突出表现是口碑在消费决策中的地位越来越重要，因此口碑营销在旅游营销中也逐渐成为一种主要的营销手段。

第二节 智慧旅游营销渠道创新

一、虚拟旅游体验营销

依托于虚拟现实技术和信息技术发展起来的虚拟旅游，是旅游业的一次科技革命，具有超时空性、交互性、高技术性、经济性、多感受性等特征，是现代旅游服务营销中急需的新手段，目前主要用于旅游景区、饭店、会展的营销中。虚拟现实技术必然对旅游业产生影响，旅游业将步入一个新的信息时代，这个信息旅游时代也可称为"虚拟旅游时代"。随着虚拟旅游的出现，虚拟旅游体验随之产生。虚拟旅游体验是指在虚拟现实系统中进行旅游体验的一种全新的体验模式。实现这一过程只需要通过计算机来创建一个逼真的可交互的虚拟旅游环境，就可轻松地实现旅游体验的大部分功能和内容。它建立在现实旅游景观的基础上，通过模拟现实景观，构建一个虚拟旅游环境，使旅游者能够如同亲临其境般进行虚拟旅游活动。就目前国内的发展状况而言，大多集中在提供旅游景点相关知识和信息的服务上，可能是文字、图形、录像等方式，而通过虚拟现实的多种可视化方式形成逼真的虚拟现实景区，让体验者获得感性、理性的等全方位享受的应用还处于起步阶段。

通过虚拟旅游，旅游者不仅能游览景点，还能扮演角色，体验到现实中所没有的成就感。项目的目标是以先进的科技、精彩的内容和具有创意的交互方式将中华文化的精华呈现给世界。游客参观虚拟的紫禁城时，可以以一种自己喜欢的身份进行游览，比如公主、将军、侍卫等，感受穿越时空的历史文化。游客每到一处，导游都会对重要的文物或建筑加以说明，游客还能察看文物的细部特征。

现代人由于各种各样的原因开始崇尚旅游生活。在现实体验的准备阶段，他们因为解除紧张，充实和发现自我的成就或是社会交往的动机，在假期临近时盘算着是要跟团还是要自助，以及旅途线路、景点的逗留时间、往返车票的预订、住宿安排等。当然，还要根据自己的经济实力初步决定这趟旅程的可行性。这个过程是不能缺少的，却又费时费力。而在虚拟体验中，这些过程全部被省略。只要是想放松了，打开电脑随时随地就可以到自己想要去的地方，极大地提高体验的效率和质量，省去准备阶段的烦琐。在现实体验的实施阶段，好不容易盼来出行的那一刻，又不堪忍受景区里的摩肩接踵和没完没了地排队，也没法抗拒天气突然的变化等临时因素的影响。而在虚拟体验阶段则完全不用担心这些，它更强调视觉的参与和精神的旅行。虚拟体验系统一般包括解说（体验者每到一处景点获得相关讲解的清晰、详细和趣味程度）、场景（体验者在系统中视觉感受的景点、环境布置的逼真程度）、操作（体验者通过各种外接设备获得身临其境的感觉的便捷程度）三大部分。虚拟游客借助系统的导航模块和电子导游系统，可以循着系统预先制定的线路漫游，也可以根据自己爱好自选线路观光，还可以随时停下去查阅更多的相关知识。

他们不仅能通过显示器对旅游景观做外部的、静态的观察，而且能通过人的视觉、听觉、触觉、嗅觉，以及形体、手势或口令，参与信息处理环境，而获得实地旅游的身临其境的体验，甚至可以梦回千年，去看看完全未遭破坏时的原生态景观或是体会那历史的气息。在现实旅游过程中，旅游者往往是在购买的同时发生消费，没有足够的冷静考虑的时间，事后也没有很多机会去对这一过程中得到的服务进行评价。因而，后悔的情绪常常伴随到最后，其间的满意或是不满意都没有反映到相关的部门，企业因此错过了在处理投诉意见中反观自身不足的契机，降低了维护老客户的可能性，这显然不利于旅游行业的可持续发展。虚拟旅游则可以利用虚拟社区这一成熟的网络工具，促进企业与客户的交流，通过向其提供有针对性的、细致入微的客户服务，努力培养忠诚客户群。

二、旅游电子商务营销

旅游业是一个庞大而又细致的系统，包含交通运输业（陆、海、空）、旅游中介、旅行社、酒店（住宿、餐饮）、旅游景点等领域，在互联网经济迅猛发展的今天，众多旅游企业加入电子营销的行列。在传统营销理论的基础和经验上，旅游电子商务营销模式呈现多样化发展。旅游电子商务营销具有良好的理论基础和实践经验，发展前景广阔。

旅游产品作为一种特殊的服务产品，具有生产消费同步、远距离异地消费、消费者不易对产品预先感知等特性，这些都使其成为较适宜于网上查询、浏览、购买的产品类型之一。例如，旅行社最核心的业务流程就是信息处理过程，旅行社需要的是收集外部的信息资源——客户信息、服务信息，并且将外部的信息资源转换成为内部信息资源，以及不断地加工和开发利用信息资源获得相应的信息附加值。因此，电子商务非常适合运用于旅游业并推动旅游业的创新和发展。

现在旅游消费者足不出户就可完成旅游预订活动。餐饮旅游网站不只是传统意义上的网站，更是集各种服务为一体的公共服务平台。在长三角地区，几乎每个城市都有自己的官方餐饮网站，公众通过这一平台可以享受旅游主管部门和餐饮企业提供旅游的一系列服务，针对公众的不同需求，提供分类服务。很多旅游景区有自己的官方网站，并且网页制作质量很高。比如河南的旅游网站有河南旅游网、云台山官网、欣欣旅游网等。

国内旅游市场在受互联网多年影响之后，已经正式进入旅游电子商务时代。BAT（百度、阿里巴巴、腾讯）在内的互联网巨头也看到了这一市场的发展前景，纷纷发力布局在线旅游业。自助游、机票、酒店等格局稳定，出境游和周边游大热。各种数据及案例均已显示出旅游电子商务市场的规模日益庞大。

总之，电子商务网络营销是一种新兴的营销方式，其成本低，为独立经销商进入世界市场提供道路。它的发展并非一定要取代传统的方式，但它将创新重组营销渠道，使营销渠道多元化。多元营销渠道策略，将传统营销渠道与网络营销渠道紧密地结合，可建立最大的顾客接触，这不仅能扩大市场占有率，还创造出许多意想不到的新需求。面对复杂国际环境下中国入境游客的逐年下降，中华人民共和国文化和旅游部正大力开展国外营销推广。

实现了集旅游资讯发布、旅游产品推介、品牌推广传播、游客搜索互动四大功能于一身，智能手机、平板电脑等移动用户终端同期上线，成为全球游客了解中国、感知中国的重要渠道和树立良好中国旅游整体形象乃至国家形象的重要窗口。各省自治区、直辖市应借鉴中国海外推广网建设模式，并将本地的资讯网站融合到国家海外推广网站上去，为大力推广地方特色旅游、树立良好的品牌形象做坚实的后盾。借势中国"智慧旅游年"，亦是推进区域旅游产品转型升级的良好时机。

三、社区营销

网络社区营销是在互联网发展的基础上，人们利用互联网构建的一个有共同兴趣爱好的成员组成的社区，实现成员相互沟通的目的，企业利用社区进行营销的方式。社区成员一般有着类似的消费心理、行为和价值取向，有利于企业对他们进行团体营销，节省了企业的营销费用。目的地网络营销采取的社区营销方式主要有点评网站、即时通信、SNS 社交网站等。

（一）点评网站

点评网站主要是由专家、同行或消费者对企业提供的产品和服务进行评价，评论的形式有编辑点评、视频图片展示、用户使用体会等。这些评价不仅包括赞美也包括不足之处，用户推荐和网民的意见对潜在消费者决定购买产品起着至关重要的作用。企业在实施点评网站营销时，要关注与企业提供的产品相关的点评网站，深入网站社区，认真倾听网民的意见和想法，通过与网民的交流，消除企业的负面形象，使得点评网站成为企业产品的推广者而不是阻碍者。

（二）即时通信营销

即时通信工具（国内主要以腾讯 QQ、微软 MSN 等为代表）在网络生活中的地位就相当于电话在人们日常沟通交流的作用，在互联网众多产物中，即时通信工具是用户接受程度最高的产物之一，在即时通信工具向人们工作和生活渗透的同时，也为企业进行网络营销提供了契机。即时通信营销的优点包括成本低、沟通性好、受众广。这种营销方式以较少成本扩大了企业营销的对象，增加了企业营销成功的概率。

（三）SNS 社交网站

"六度分隔理论"是指你和任何一个陌生人之间所间隔的人不会超过 6 个，换句话说，最多通过 6 个人我们就可以认识世界上任何一个陌生人。"最亲近的朋友可能生活圈子和你差不多，你们的生活几乎完全重合。而那些久不见面的人，他们可能掌握了很多你并不了解的情况。只有这些微弱关系的存在，信息才能在不同的圈子中流传。"人们可以通过这种潜在的关系纽带牢牢地牵系在一起，SNS 社交网站就是在这样的基础理论背景下产生的。

简单地说，SNS 即为基于"朋友的朋友"而建立的社交网站，并在此基础上延伸出更多的凝聚方式。如根据用户履历进行集聚，根据空间主题进行聚集、根据社交游戏进行聚集等，方式日渐多样。国内比较著名的 SNS 社交网站有人人网、豆瓣、开心网等，国外覆盖面较广的 SNS 社区有 Facebook、Myspace 等。

对旅游景区进行有针对性的信息传播，从而起到影响和引导消费的作用。所谓的意见领袖是指那些在网络上一定范围或领域内受到较高关注与信任的人，他们往往通过论坛、微博、博客等为他人答疑解惑，发表自己独特的个人观点，并经常为他人提供一些有益的旅游建议。这些人大多数不是所谓的"名人"，而是一些普通百姓。在论坛里，没有官方语言，有的只是草根和影响力，他们中的很多人都是因为相同的兴趣走到一起的，往往戒备心较少，并且能够发出自己真正声音。正因他们普通平凡的身份，往往提出的看法更能够被普通消费者所认同。

四、微营销

微营销为微博营销和微信营销的简称。随着微博和微信的传播效益逐步显现，微博和微信已成为旅游推广的利器。越来越多的旅游目的地开始重视微营销的作用，通过应用微博和微信平台来提升自身的影响力和竞争力。

（一）微博营销

微博营销是新兴起的一种网络营销方式，随着微博的火热而兴起。微博营销以微博作为营销平台，每个听众（粉丝）都是潜在营销对象，企业可以利用更新自己的微博向网友传播企业、产品的信息，树立良好的企业形象和产品形象。微博营销得到了旅游目的地的高度重视，并成为其网络营销的重要渠道之一。

微博和旅游目的地营销在受众基础、体验共性和信息需求这三个方面具有契合性。人们习惯了从微博获取旅游相关信息，即使他们现在的消费能力有限，随着时间的推移，他们同样会给旅游目的地带来丰厚的利润。其次，微博与旅游有体验共性。旅游需要的体验传播，而体验传播离不开网络这个环境。随着网络技术门槛的降低，网民以文字、图片、视频、音频等各种形式传递信息，通过标签、分类等方式创造虚拟社群环境，使具有相同爱好的人建立起某种经常性的联系。旅游者在购买旅游产品和服务前习惯于上网查看相关评论，在微博互动中获取旅游行为和旅游体验、心理偏好、观光度假决策、分销渠道选择、目的地选择等更加真实的旅游信息。旅游就是一种体验的过程，微博与旅游体验的共性为它们的融合铺平了道路。最后，微博能够满足旅游者的信息需求。微博形式精简、操作便捷、功能强大，特别适合在移动客户端使用与旅游"在路上"的状态不谋而合。此外，微博信息生成群体庞大、传播速度快，可以在第一时间告诉大家最新动态，时效性强，抢鲜度高，能够满足旅游者对目的地信息的需求。

微博营销具有参与互动性强、营销精准度高、效果实时反馈、营销成本低的特点，因此受到了旅游目的地的高度重视。目前国内主要城市旅游局基本均开通了新浪微博、腾讯微博等。通过组织新鲜旅达人去免费旅游全程体验当地旅游文化，目的在于增强用户黏性，提高网友对账号的信任感依赖度，并各站联动推广以使此活动覆盖全国。新浪全程参与活动的策划与推广，将特刊推广到新浪城市频道和新浪微博，利用自身的微博资源推广此活动，营造出良好的活动氛围，并邀请知名微博达人，其中包括知名作家、企业家、撰稿人、媒体人、旅行家、草根红人等身份人士。

（二）微信营销

为了活动的参与度更强，技术上实现一键登录功能。用户确认登录即可以用户的微信账号实现在线登录参与活动。整个活动环节借助技术功能极大地提升活动中的用户体验度，省去需要用户注册登录的烦琐方式来实现的步骤，同时让用户可以通过手机微信账号来登录，也降低注册门槛和用户流失率。此外，还能在经过用户同意后，收集用户的基本信息（头像、昵称、性别、地区、语言）。

活动登录功能需要获取微信的高级接口（只有通过微信认证的公众号

才能获得微信开放的高级接口），获得登录功能权限，获取用户信息，微信认证步骤非常重要。认证过的公众号可引导客户关注公众号，方便客户随时关注公众号信息，及时了解景区动态。活动营销的目的。

1. 提升品牌的影响力

时机恰当的活动营销不仅能够吸引消费者的注意力，还能够传递出品牌的核心价值，进而提升品牌的影响力。例如小梅沙瞄准新年期间互联网需求，抛出点灯祈福的情感线，唤起大家相互之间祝福，既符合大家的新年行为，又让大家能相互沟通。

2. 提升消费者的忠诚度

活动营销专为消费者互动参与打造的活动，活动对消费者的参与和大众的关注，产品和品牌形象深度影响了消费者，更能够提升消费者对品牌的美誉度，进而提升消费者的忠诚度。

3. 吸引媒体的关注度

活动营销是十分流行的一种公关传播与市场推广手段，集新闻效应、广告效应、公共关系、形象传播、客户关系于一体，品牌展示创造机会，建立品牌识别和品牌定位，形成快速提升品牌知名度与美誉度的营销手段。

随着智能手机的不断普及，手机上网将会成为家常饭一样，而当下使用微信的用户越来越多。移动互联网时代的到来，把人跟人之间的链接变得越来越简单，以前通过大量人力物力积累起来的渠道发展过来的客户，现在也许就在你等公交车的那一刹那出现在你微信的某个群又或是朋友圈里。回到旅游业来看一个场景，我们中国游客无论走到哪里，首先问的问题就是Wi-Fi，继而迅速接入。据有多年从业经验并经常带队出游的某旅游公司老总介绍，他经常在巴厘岛看到出行的情侣，女的穿比基尼在海里扑腾扑腾，男的则在海滩旁边用微信诡异地摇一摇，而当他自己打开微信查看附近的人，基本上都是来自国内的游客。可见，微信对于用户普及和黏度非同一般。当旅行中的人们看到绚烂的景色会随手拿起手机拍上一些美图，并选取其中最漂亮的分享到微信朋友圈，也正是游客这不经意间的一个举动，对于旅游业来说，就已经把目的地和去往目的地的途径散播出去了。微信营销的两大优势。

第一，微信能让游客得到即时有效的旅游度假及景区活动信息，让信息供应商宣传更具针对性。从游客角度来讲，无论是去什么地方旅游，肯定是先了解旅游度假信息、景区景点信息，再找酒店安排食宿和确定出行方式。所以旅游度假信息供应商（如旅行社、各大旅游网站等）以及作为个体的景区本身如何第一时间及时有效地将信息传递出去最为重要。而随着微信的广泛运用，有很多旅游供应商或景区通过微信查找附近人，向附近人打招呼发布相关信息；或是在签名备注相关旅游信息，让游客在查找附近人时看到相关信息。这也是微信营销的一种方式，但是有很多弊端和局限性。

第二，二维码扫描，微信有目标明确的用户群。微信的定位功能具有其他新媒体营销模式不具有的区域性营销功能。现在很多购物型旅游景区商家都有自己的二维码，游客通过手机扫描二维码，添加微信好友，就可以实时接收到旅游产品相关信息。现在许多旅游景区通过微信公共平台推景区旅游产品的语音、图片、视频、图文等消息。其中使用最多、最常见的就是图文消息，图文消息又分单图文消息和多图文消息两种。旅游图文消息被推送后关注者并不需要打开最终页，就能通过图片、标题与摘要了解到相关旅游产品信息。这一点相当重要，因为有很多微信用户反馈，对于微信信息已经产生了一定的强迫症。那就是看到那么多未读信息后，会点击一下，目的并非阅读，而只是不想看到有那么多未读信息的提示。据不完全统计，在用户对于某个账号还没有发展到取消关注的地步时，这一强迫性的点击习惯，再加上分享率及朋友圈回流等因素，其所能带来的打开率将超40%。

在我国，很多旅游者喜欢将自己旅游的过程用电子设备记录下来，通过整理和剪切把旅游体验分享到自己网络社交平台上，将愉快的旅游体验分享给更多人。目前，很多旅游景区抓住旅游者这种爱好，通过邀请一些旅游爱好者前来旅游，借助他们拍摄的旅游视频来宣传自己的旅游产品，从而引起更多网友的关注，提高旅游产品的信息。这种通过他人间接传播旅游信息的方式，不但不会引起网友的反感，反而会增加旅游产品的可信度，更容易获得潜在旅游的前往。

目前，国内点击率较高的视频网站有搜狐、爱奇艺、腾讯视频，甚至还有一些社交网站都可以上传视频。网络视频用户大多是30岁以下收入较高的时尚年轻人，这一定位对旅游营销来说，视频将是一个极好的营销传播平台。通过视频形式展示购物型旅游景区形象与产品，效果更加直接、丰富、形象、有效。旅游景区可以通过一些知名视频网站上的视频广告来向用户推广。在国内，旅游景区想要推广旅游产品信息，可以选择与一些网络视频媒体合作。例如，通过举办一些充满创新意识的优秀旅游景区介绍的视频比赛，吸引网民的关注，同时也便于更多的网民积极参与竞赛，鼓励他们将自己的旅游视频上传到网络平台上，这就是一种非常简洁、有效的推销形式。视频营销的厉害之处在于传播即精准，首先会让观看者产生兴趣，关注视频，再由关注者变为传播分享者，而被传播对象势必是有着和他一样特征兴趣的人，这一系列的过程就是在目标消费者中精准筛选传播。

第三节 智慧旅游营销平台构建

一、智慧旅游营销平台的概念与功能

（一）概念

智慧旅游营销平台是旅游目的地主管部门借助互联网、移动通信网络等自有媒体资源和外部可控网络媒体，智能整合旅游信息资源，并对国内外游客进行智能传播和在线交易的智慧旅游网络营销平台。该平台是旅游目的地自有各项媒体资源的有效整合，如旅游资讯网、App 应用、旅游触摸屏、移动传媒网、旅游呼叫系统等，也是自有媒体与外部网络媒体的有效整合，如与国内外大型旅行社门户网络、携程网等旅游网络中间商、GPS 等预订系统、新浪等门户网站旅游频道及 Facebook 等网络社交媒体。

（二）功能

智慧旅游营销平台的构建对于旅游者、旅游企业和旅游目的地主管部门都具有重要作用。对于旅游者而言，其功能主要表现在旅游信息智能收集与推送功能、旅游计划智能设计功能、虚拟旅游体验功能、旅游电子商务功能、在线旅游综合服务功能等。对于旅游企业而言，其功能主要表现在旅游产品在线促销功能、旅游促销活动在线传播功能、旅游产品在线交易功能、旅游体验在线反馈功能等。对于旅游目的地主管部门而言，其功能主要表现在旅游目的地形象塑造功能、旅游行业监督功能、旅游在线传播功能等等。

二、智慧旅游营销平台架构

一个完整的智慧旅游体系，不仅仅是对目的地旅游信息的传播，它更

需要借助以互联网和信息通信技术手段为基础而建立的信息化营销平台，提高旅游目的地知名度，推介旅游目的地产品，满足游客的需求，实现对目的地的主动营销。智慧旅游营销平台构建主要由各级政府部门牵头搭建并负责日常运营，因此可以将目前各地的旅游官网进行改造升级，打造成为智慧旅游营销平台。该平台可以在电脑、智能手机、iPad，旅游触摸屏等各类终端设备登录。

（一）智慧旅游营销平台的设计原则

所谓"三分技术、七分管理、十二分数据"，在景区智慧营销平台建设项目中，如何有效地组织数据、展示景区的特色、提升服务管理能力，是做好景区智慧营销平台项目的核心。智慧旅游营销平台必须要强化旅游营销功能，为达此目的，智慧营销平台系统应提供旅游信息（包括产品信息）的收集、处理、（远程）发布、（远程）更新等功能。它广泛支持传统营销方式和业务，存储在数据库中的旅游营销信息，可通过CMS（内容管理系统），处理、生成并发送到传统媒体和复印到印刷品上，如报纸、杂志、各种印刷品（宣传册、宣传单张、营销指南等），大幅提高传统营销的反应速度；同时，系统可作为语音化的旅游咨询服务中心的后台支持，为旅游者提供咨询服务，为景区相关其他旅游企业提供销售服务。

（二）智慧旅游营销平台的目标

智慧旅游营销平台系统的建设目标是充分运用网络手段和实时通信功能，为分布式营销提供广泛的客户服务，充分利用其他相关网站及搜索引擎提供的功能，为网络营销提供充足的动态信息支撑。基于智慧营销平台，进一步完善现行的分销管理体系，建立更有竞争力的新型营销管理体系，扩大旅游经营的范围、增加直销、分级代理等多种营销模式，完善营销的绩效管理体系和奖励体系。

（三）智慧旅游营销平台的构建

智慧旅游营销平台一般包括数据库平台、信息发布平台、智能服务平台三大平台，其中三大平台又包括各自的子平台。通过智慧旅游营销平台，商家可以以游客的需求组成联盟，共同开拓和分享市场，有效地进行信息整合，更好地为游客服务。

三、智慧旅游营销平台功能模块简介

（一）数据库平台

数据库主要包括旅游综合数据库、旅游企业数据中心、旅游局数据中心、外部合作方数据中心。旅游综合数据库通过各类终端设备获取即时信息并分享给相关平台，如智慧旅游营销平台、旅游科研院所等。智慧旅游营销平台通过接入旅游云平台能获取许多即时动态信息，如景区游客出入量、游客消费结构等。旅游企业数据中心主要提供有关企业的各类信息与数据，如景区特色、主要产品、促销信息等。旅游局数据中心发布有关目的地形象宣传、节事会展等信息并提供各类统计资料与调研信息等，如游客满意度、导游基本信息等。外部合作方即外部可控网络媒体，智慧旅游营销平台能够与这些外部合作方数据中心实现无缝对接。

（二）信息发布平台

智慧旅游信息发布平台主要包括酒店推介、旅游线路推介、餐饮推介、特色商品推介、游客流量分析、旅游地天气、环境等，其功能是有效融合自有媒体资源和外部可控网络媒体，向国内外旅游者发布有关旅游目的各类旅游信息。

（三）智能服务平台

智能服务平台主要包括旅游综合资讯、旅游呼叫中心、旅游电子商务、虚拟旅游、旅游促销、旅游社区等。游客、旅游企业、旅游目的地主管部门等相关服务对象都有专门登录口，登录之后可以获取相应服务，即游客可以随时随地采用自己喜欢的接入方式浏览旅游信息、接受旅游许可促销信息、在线设计旅游计划、在线预订或购买、进行虚拟旅游体验、下载旅游优惠券、购买旅游一卡通、在旅游社区进行交流和分享旅游体验等。

第五章 智慧旅游公共服务

第一节 智慧旅游公共服务系统

一、智慧旅游公共服务内涵

智慧旅游在某种意义上可以看作是一种新的理念，目的是通过高科技手段实现旅游方式的变革，使最终消费者——旅游者、中间消费者——政府和企业获得最大的效用；同样，旅游公共服务的目的是通过以政府为主、企业和社会组织为辅的团队，为最终消费者——旅游者、中间消费者——政府和企业提供非营利性和非排他性的便利性的产品和服务。两者目的异曲同工，将"智慧旅游"的理念引入"旅游公共服务"将促使旅游公共服务发生巨大变革。即通过云计算、物联网等高科技手段，以政府为主、企业和社会组织为辅的提供主体，为最终消费者——旅游者、中间消费者——政府和企业提供非营利性和非排他性的便利性的产品和服务。

二、智慧旅游公共服务系统构建

鉴于对智慧旅游公共服务的理解，智慧旅游公共服务系统应该由旅游公共信息服务、旅游基础设施服务、旅游公共安全服务以及旅游行政管理服务等四部分构成，但是每个部分分别扮演着不同的角色。其中，旅游公共信息服务是整个智慧旅游公共服务的中枢系统，是旅游基础设施服务、旅游公共安全服务、旅游行政管理服务等三类服务的信息沟通渠道，旅游者获取各类公共服务信息的通道及旅游公共服务内部联动的链条；旅游基础设施服务是旅游公共服务实现的服务载体；旅游公共安全服务是旅游公共服务提供的服务前提；旅游行政管理服务是旅游公共配套服务提供的服务保障，作为法规、政策等管理性服务对各提供主体提供的各类服务进行监管。这里通过首批国家智慧旅游试点城市在智慧旅游公共服务的旅游公共信息服务层面的实践来总结、归纳旅游公共信息服务、旅游基础设施服务、旅游公共安全服务和旅游行政管理服务等4个子系统的构成。

另外，由于研究数据以及相关资料获取的限制等原因，所涉及的智慧旅游公共服务主要是指城市范围的旅游公共服务的研究。

三、智慧旅游公共服务相关术语

（一）旅游公共服务

随着研究视角以及实践认知的不断更新，关于旅游公共服务的研究也在不断深入。通过分析众多学者关于旅游公共服务的界定可以发现，在旅游公共服务的提供者方面，学者的认知主要分为3类：第一类，认为供给方是政府部门；第二类，认为供给方是政府和其他社会组织、经济组织，未分主次；第三类，认为政府应成为主要提供者，其他社会、经济组织成为辅助提供者。在旅游公共服务的服务对象方面，学者的认知主要分为3类：第一类，外来旅游者；第二类，全社会；第三类，狭义旅游者，广义包括企业和本地居民。在旅游公共服务的特质和形态方面，第一，在服务"形态"上，绝大多数观点认为是"产品和服务"。第二，所有的定义都列出旅游公共服务具有"公益性"这一特征，说明公益性（非营利性）是最显著的，并且获得普遍认可的特质；其次，"共享性"（非排他性）特质也获得大多数观点的认可。

综上所述，旅游公共服务是以政府部门为主，社会、经济组织为辅，为满足旅游者公共需求，而提供的非营利性和非排他性的产品和服务的总称。特别需要指出的是旅游公共服务的对象根据受益程度有广义和狭义之分，广义的服务对象不仅包括最终受益者（潜在旅游者和现实旅游者），还包括中间受益者（旅游公共服务的提供主体，如政府、旅游企业、社会非营利组织等）。各主体不仅在旅游公共服务中提供各自的服务内容，而且也在不断地获得或共享服务；潜在和现实的旅游者不仅包括外地游客的旅游需求，也兼顾本地居民出行的需要。

（二）云数据库

云数据库（简称"云库"）把各种关系型数据库看成一系列简单的二维表，并基于简化版本的 SQL 或访问对象进行操作。传统关系型数据库通过提交一个有效的链接字符串即可加入云数据库。云数据库解决了数据集中与共享的问题，剩下的是前端设计、应用逻辑和各种应用层开发资源的问题。使用云数据库的用户不能控制运行着原始数据库的机器，也不必了解它身在何处。

（三）物联网

物联网通过射频识别（RFID）（RFID+互联网）、红外感应器、全球定位系统、激光扫描器、气体感应器等信息传感设备，按约定的协议，把任何物品与互联网连接起来，进行信息交换和通讯，以实现智能化识别、定位、跟踪、监控和管理的一种网络。简而言之，物联网就是"物物相连的互联网"。

国际电信联盟（ITU）发布的互联网报告，对物联网做了如下定义：通过二维码识读设备、射频识别（RFID）装置、红外感应器、全球定位系统和激光扫描器等信息传感设备，按约定的协议，把任何物品与互联网相连接，进行信息交换和通信，以实现智能化识别、定位、跟踪、监控和管理的一种网络。

根据国际电信联盟（ITU）的定义，物联网主要解决物品与物品（Thing to Thing，T2T），人与物品（Human to Thing，H2T），人与人（Human to Human，H2H）之间的互连。但是与传统互联网不同的是，H2T是指人利用通用装置与物品之间的连接，从而使得物品连接更加地简化，而H2H是指人之间不依赖于PC而进行的互连。因为互联网并没有考虑到对于任何物品连接的问题，故我们使用物联网来解决这个传统意义上的问题。物联网顾名思义就是连接物品的网络，许多学者讨论物联网时，经常会引入M2M的概念，可以解释为人到人（Man to Man）、人到机器（Man to Machine）、机器到机器（Machine to Ma-chine）。从本质上而言，人与机器、机器与机器的交互，大部分是为了实现人与人之间的信息交互。

（四）电子政务系统

电子政务系统是基于互联网技术的面向政府机关内部，其他政府机构，企业以及社会公众的信息服务和信息处理系统。一般而言，政府的主要职能在于经济管理、市场监管、社会管理和公共服务。而电子政务就是要将这四大职能电子化网络化，利用现代信息技术对政府进行信息化改造，以提高政府部门的行政水平。其中，电子政务有4个突出特点：第一，电子政务使政务工作更有效、更精简；第二，电子政务使政府工作更公开、更透明；第三，电子政务将为企业和居民提供更好的服务；第四，电子政务将重新构造政府、企业、居民之间的关系，使之比以前更加协调，使企业和居民能够更好地参与政府的管理。

（五）移动办公（Mobile Office）

移动办公也可称为"3A办公"，即办公人员可在任何时间（Anytime）、任何地点（Anywhere）处理与业务相关的任何事情（Anything）。这种全新的办公模式，可以让办公人员摆脱时间和空间的束缚。单位信息可以随时随地通畅地进行交互流动，工作将更加轻松有效，整体运作更加协调。

根据具体应用方式的不同，移动办公大致可以分为两种类型。一种需要在掌上终端安装移动信息化客户端软件才能使用；另一种则无须装载软件，借助运营商提供的移动化服务就可以直接进行移动化的办公。前一种能实现的功能非常强大，对于掌上终端的要求也较高。一般需要以智能手机为终端载体，通过在公司内部部署一台用于手机和电脑网络信息对接的服务器，使得手机可以和企业的办公系统、财务系统、ERP系统、CRM系统、HR系统等几乎所有的企业级业务和管理系统联动，其业务主要面向大中型企业和政府部门。由于这类应用的开发具有一定的难度，所以应用相对并不广泛。而后一种方式则能实现一些常规的企业办公功能，如中国移动的ADC移动办公业务，它不需要企业架构任何服务器，也不需要在手机上安装软件，可以通过租赁中国移动等提供的一站式OA服务，实现包括如公文流转、日程管理、企业通讯录、手机硬盘、即时通信、企业资讯等在内的常规企业办公功能。

第二节 智慧旅游公共服务建设体系

一、旅游公共信息服务

旅游公共信息服务是智慧旅游公共服务体系的服务中枢，是实现旅游公共服务的系统整合、全面覆盖、高效及时的关键，是旅游公共服务智慧化程度的重要衡量指标。目的是通过先进的集成技术整合各类旅游公共信息，使游客更加便捷地了解和游览旅游目的地。

该体系主要由信息推送（发布）平台、信息咨询平台、信息反馈平台、技术支撑平台等四大平台构成，信息推送平台主动向游客提供城市旅游目的地的相关信息，而旅游者则可以通过信息咨询平台对城市旅游目的地进一步进行相近信息的了解，在旅游者成行后通过相关的满意度调查与处理即信息反馈平台将改进措施及建议反馈到信息推送平台、信息咨询平台以及技术支撑平台，而技术支撑平台则为信息反馈平台、信息推送平台以及信息咨询平台提供技术支持以及硬件支撑。

（一）信息推送（发布）平台

信息推送（发布）平台是指由旅游目的地主动推送该地相关旅游信息的服务平台，主要由电脑终端信息推送系统、移动终端信息推送系统、LED信息发布系统、电视平台信息推送系统、广播平台信息推送系统以及报刊平台信息推送系统等六大部分构成。其中，电脑终端推送系统是以电脑为终端媒介的信息推送系统，其内容和方式多样，主要由官方资讯网站、在线旅游企业网站以及官方微博等形式构成；移动终端信息推送系统是以手机、平板电脑等为终端媒介的信息推送系统，主要由官方微信、微博、手机短信、手机报、手机视频等形式构成；LED/触摸屏信息发布系统是以公共场所安装的LED屏/触摸屏为终端媒介的推送系统，主要由宣传视频、漫画、新闻报道等形式构成；电视平台信息推送系统是以电视为终端媒介的信息推送系统，主要由宣传视频（宣传片）、广告、电视剧、电影、漫画、新闻报道等形式构成；广播平台信息推送系统是以电台为终端媒介的信息推送系统，由于电台广播在视觉上的限制，所以其信息传播主要以广告和新闻报道为主，关键时刻可以成为重要事件及时传达的工具；报刊平台信息推送系统是以报纸为终端媒介的信息推送系统，主要由广告、新闻报道、漫画等形式构成。

这六大子平台根据游客的不同需求，在信息发布的时候要注意以下几点：第一，注意时效性，并且要做到信息同步更新；第二，注意层次性，要根据不同媒体的特点发送与之相匹配的信息；第三，注意完整性，六大子平台各有其信息发布的特点，但在信息的整合发布时一定要注意信息的完整性，首先要有顶层设计，确定所要发布的全部信息，然后根据不同平台的特点发布合适的信息，做到系统、全面、有层次地发布信息。

（二）信息咨询平台

信息咨询平台是游客主动咨询相关旅游信息的平台，主要由旅游咨询中心集群信息咨询平台、旅游信息声讯服务系统、电脑终端信息咨询系统、移动终端信息咨询系统等四大部分构成。其中旅游咨询中心集群信息咨询系统是旅游者在旅游目的地信息咨询的最直接有效的渠道，通过采用多媒体和数字化技术，依托互联网，提供人际交流、网络互动和自助查询等旅游信息咨询服务，主要由旅游咨询中心主中心信息推送系统、分中心信息推送系统、信息亭信息推送系统、触摸屏信息推送系统等部分构成；旅游信息声讯服务系统主要是以声音服务为主，即主要以信息咨询服务热线为主；电脑终端信息咨询系统是以电脑为终端媒介，为游客提供信息咨询服务的平台，主要由网络在线实时咨询、信箱、留言等形式构成；移动终端信息咨询系统是以平板电脑、手机等为终端媒介，为游客提供信息咨询服务的平台，主要由微信实时咨询平台、信箱、留言等形式构成。

信息咨询平台主要依赖电话服务热线，虽然各地基本上已经普遍开通12301旅游服务热线，但同时也有本地自己的旅游服务热线，甚至出现"一地多线"的现象，缺乏整合。但随着旅游业散客时代的到来，市场面临的最大问题就是"整合"，分别是信息的整合和路径的整合，快捷、高效、准确地获取信息才是游客的最终目的，繁多的热线不仅游客不易记，同时信息在传达的时候也会出现由于沟通不畅造成的不一致甚至错乱的现象。另外，电话服务热线的服务模式是信息咨询平台的主要服务模式，模式过于单一，并且最多只能满足游客的游中咨询需求。但是，随着技术的发展以及游客的需要，应增加电脑终端信息咨询系统和移动终端信息咨询系统，通过3种模式的建设形成一个完整的信息咨询生态系统，满足游客游前、游中、游后咨询的系统需求。同时，在建设的过程中，需要各咨询部门信息的不断更新以及相互之间信息的沟通。因此，在信息咨询平台方面的建设主要集中在3点：第一，旅游服务热线的整合；第二，信息咨询平台模式的创新；第三，信息的不断更新与完善。

（三）信息反馈平台

信息反馈平台主要是信息推送与咨询效果的反馈，旨在对旅游目的地的信息发布、咨询、导览等方面的服务进行不断改进，主要由信息服务有效性监测系统、信息服务有效性评估系统以及信息服务有效性反馈系统等三部分构成。其中，信息服务有效性监测系统主要是对信息推送和咨询层面信息有效性的监测，主要由信息后台管理系统、游客满意度调查机制（游客满意度点评系统）、游客投诉信息收集等部分构成；信息服务有效性评估系统是对信息服务有效性监测系统的监测数据进行统计、分析与评估；信息服务有效性反馈系统主要是将信息服务有效性评估系统所得的评估结果反馈到信息推送平台以及信息咨询平台。

信息反馈平台是旅游目的地各方面改进更新的一个重要的依据，旅游目的地要想实现旅游的可持续发展，游客意见是一个不可忽视的重要环节。随着旅游者的成熟，他们逐渐变得愿意分享游后的心得体会，旅游公共管理者可借此契机进行信息推送与咨询的有效性监测，并将结果再反馈给信息推送平台和咨询平台，从而形成一个良性的生态系统，最终实现信息发布、提供的高效性与精确性。

（四）技术支撑平台

技术支撑平台是指智慧服务过程中的技术、数据等方面的智力支持，主要由智慧旅游云数据库、智慧旅游物联网平台以及信息网络基础平台等三方面构成，其中，智慧旅游云数据库建设是指包含各类旅游基础信息的基础数据库，主要涉及食、住、行、游、购、娱等各方面的数据；智慧旅游物联网平台主要是利用局部网络或互联网等通信技术把传感器、控制器、机器、人员和物等通过新的方式联在一起，形成人与物、物与物相联，实现信息化、远程管理控制和智能化的网络，主要由 RFID、传感网、M2M（机器对机器）等部分构成；信息网络基础设施平台是智慧旅游发展的基础环境，主要由云计算平台、信息基础设施集约化建设平台、政务信息资源交换共享平台、信息安全平台等构成。

智慧旅游时代的旅游公共服务不再单单是人工服务，而更多的是运用高科技手段，通过各种高科技设备提供服务。技术支撑平台是智慧服务过程中技术、数据等方面的智力支持；各旅游目的地也在不断地构建各种类型的技术支撑平台，但是由于没有统一的技术指导及顶层设计，技术支撑平台的建设杂乱无章，并不能满足支撑整个智慧旅游公共服务生态系统的需要。因此技术支撑平台的建设，应该注意智慧旅游云数据库、智慧旅游物联网平台以及信息网络基础平台等三大子平台的系统构建，形成一个系统的支撑平台，有效保证前台的运营。

二、旅游基础设施服务

旅游基础设施服务是智慧旅游公共服务体系的服务载体，是旅游者关于智慧旅游公共服务最直接的接触体验点，旅游基础设施服务质量的高低将直接影响旅游者对旅游目的地旅游公共服务整体水平的认知。

该体系主要由交通服务平台和游憩服务平台两大平台构成，旅游者通过交通服务平台这个载体媒介到达城市旅游目的地，并享受目的地智慧旅游公共服务提供的便捷的游憩服务，最后旅游者再次借由交通服务平台的载体从目的地返回到居住地。

（一）游憩服务平台

游憩服务平台以为旅游者与当地居民谋取更多福利为宗旨，推动社会推出更多的旅游惠民服务，主要由公共设施服务系统、无障碍导引系统、便捷支付系统以及公共休闲场所（设施）智能建设（管理）系统等四部分构成。其中，公共设施服务系统主要是满足旅游者和公民旅游外日常需要的设施服务，主要由邮政、金融、医疗、无障碍、环卫等部分构成；无障碍导引系统主要是智能引导旅游者自主满足食、住、行、游、购、娱等层面的需求，主要由手机客户端和城市自助导览系统构成，手机客户端主要用于食、住、游、购、娱的导览，城市自助导览系统主要用于"行"（徒步）为主的导览；便捷支付系统是旅游者实现便捷消费支付的平台，主要由无障碍刷卡系统和在线支付系统构成；旅游休闲设施智能管理系统是对公共游憩区、特色街区、游览观光步道、开放式景区等公共景观和游览设施的管理，目的是为旅游者和当地居民提供更加便利的游憩环境。

对于游憩服务平台，其中的便捷支付系统应该是一个银行、景区、旅行社、酒店、纪念品商店等旅游目的地各个系统互联的便捷支付系统，旨在使游客的支付更加便捷。但是，随着各大旅游目的地旅游卡项目的竞相启动，各地旅游卡泛滥，如果旅游者购买的话会出现多地旅游要购买多地旅游卡的现象，不仅没有便捷感，而且无形中增加旅游者的负担。因此，在旅游卡推进的过程中应该学习12301旅游服务热线的推行模式，进行全国的旅游卡整合，做成品牌，真正做到"一卡通"；同时，扩展与完善各类型旅游服务商的在线支付系统，实现真正的便捷与智慧。

（二）交通服务平台

交通服务平台主要由旅游交通信息服务系统、交通管理系统（ATMS）、旅游集散中心服务系统、公共交通系统（APTS）以及自驾车服务系统等五部分构成。其中，旅游交通信息服务系统是一个交通地理信息的交换与共享平台，提供地图浏览、快速定位、图层管理、信息查询、数据编辑、辅助工具、空间分析、报表定制、图形输出、数据交换、数据管理、专题统计分析、三维仿真以及屏幕自动取词地图服务、系统管理等功能，主要为各级交通信息需求者提供各种地理信息服务，通过交通地理信息服务平台建设，有效地整合了公路、航道、港口、场站、铁路和机场等交通地理信息资源，建设了统一、共享的交通地理信息数据库和地理信息服务平台，实现了交通地理信息资源共享和集中管理。交通管理系统（ATMS）通过先进的监测、控制和信息处理等子系统，向交通管理部门和驾驶员提供对道路交通流进行实时疏导、控制和对突发事件应急反应的功能；旅游集散中心服务系统根据游客需要和旅游景区的分布及品位，推进合理建设包括集散中心、集散分中心、集散点组成的集散中心体系，逐步完善旅游集散换乘、旅游信息咨询、票务预订、行程讲解等多种功能，逐步实现航空港、火车站、汽车站、码头、地铁、集散中心站点、主要景区的无缝对接，加强各旅游城镇集散中心间的横向联系，推动联网售票、异地订票，实现区域化、网络化运营；公共交通系统（APTS）主要目的是采用各种智能技术促进公共运输业的发展，使公交系统实现安全便捷、经济、运量大的目标，如通过个人计算机、闭路电视等向公众就出行方式和事件、路线及车次选择等提供咨询，在公交车站通过显示器向候车者提供车辆的实时运行信息，在公交车辆管理中心，可以根据车辆的实时状态合理安排发车、收车等计划，提高工作效率和服务质量，其主要包括智能公交系统、智能地铁系统以及旅游观光巴士运行系统等；自驾车服务系统主要是为自驾车游客服务的系统，主要包括旅游交通引导标识系统、智能停车场服务系统（预报车位、智能引导停车、智能收费等）、自驾车服务区系统、电子收费系统（ETC）以及交通紧急救援系统（EMS）等。

三、旅游公共安全服务

旅游公共安全服务是旅游公共服务实现的前提，任何安全事故的出现都可能影响该地区甚至整个国家的旅游发展走势，因此打造牢固的旅游公共安全服务体系是旅游目的地发展旅游的重要前提和保证。

该体系主要包含智慧旅游安全监测平台、智慧旅游安全管理平台、智慧旅游安全监督平台等3个部分构成，智慧旅游安全监测平台为智慧旅游安全管理平台提供平台监测信息，智慧旅游安全管理平台负责处理智慧旅游安全监测平台报送的相关安全问题，智慧旅游安全监督平台则主要协作发现相关安全问题，以及智慧旅游安全监测平台和智慧旅游安全管理平台在相关方面存在的漏洞和问题，并将发现的各项安全问题及时反馈到智慧旅游安全监测平台和智慧旅游安全管理平台，从而形成一个良性的安全环境保障平台，为旅游者提供一个安全的旅游环境。

（一）旅游风险监测平台

旅游风险监测平台是通过摄像机、RFID技术等传感器监测感知自然、社会环境中存在的风险因素，通过风险评估系统对风险的程度及可能造成的威胁进行评判与预估，并根据风险的等级进行预警，主要由旅游风险监控系统、旅游风险评估系统以及旅游风险预警系统等三部分构成。其中，旅游风险监控系统主要是通过各种传感器对自然、社会等环境进行监控，包括旅游气象服务系统、公共场所安全监控系统等部分；旅游风险评估系统主要是对旅游风险监控系统下所捕捉到的风险因素进行风险等级的评判与预估；旅游风险预警系统则主要是根据旅游风险评估系统对风险的评判进行分等级的预警。

（二）智慧旅游安全管理平台

智慧旅游安全管理平台主要是针对旅游安全事故以及旅游风险预警系统的预警级别进行快速反应，解决安全问题的平台系统，主要由普通与电子协作执法系统、突发事件应急处理系统以及旅游保险系统等三部分构成。其中，普通与电子协作执法系统是指通过日常执法与移动终端随时执法相结合的安全管理系统，一旦出现安全隐患则触发风险预警系统，当发生安全问题则触发旅游协作执法系统，从而高效地处理情况，保证一个安全的旅游环境；突发事件应急处理系统主要是针对旅游过程中出现的自然、社会等方面的突发事件而进行的快速反应处理系统，包括应急指挥调度系统和应急救援系统等；旅游保险系统是旅游安全的重要保障，政府应推动保险机构开发针对旅游饭店、景区等旅游经营主体的责任保险及游客的意外伤害、行程取消、行程延误、财物丢失、医疗救助等个人保险示范产品，并采取在线、实体等形式向旅游者提供。

（三）智慧旅游安全监督平台

智慧旅游安全监督平台旨在通过发挥各个层面人员的力量对旅游目的地各个方面的安全生产、安全隐患进行监管，形成一个全方位的安全监管体系，尽量降低安全问题产生的可能性，从而减少旅游者在旅游过程中的风险。智慧旅游安全监管平台主要由新闻媒体安全监管系统、从业人员安全监管系统以及游客安全监管系统等三部分构成。其中，新闻媒体安全监管系统旨在发挥媒体的力量，尽量多地曝光各类安全问题，为旅游管理者解决安全隐患提供重要的信息；从业人员是旅游生产最直接的参与者，参与监督将是最直接、最有效的，有助于从源头上消灭安全隐患；游客安全监管系统的建立旨在希望游客从其游览者的视角感受其自身可能受到的安全威胁，从而更加精确地找到风险源。

四、旅游行政管理服务

旅游行政管理主要是后台运作系统，旨在为旅游者提供一个健康、有序的旅游环境。旅游行政管理的成熟度将直接影响前台服务系统（包括旅游公共信息服务、旅游基础设施服务）是前台服务系统有序运行的重要保障，并将间接影响旅游目的地旅游业的可持续发展。

该体系主要由智慧旅游政务管理平台、智慧旅游行业管理平台以及智慧旅游营销管理平台等三大平台系统构成。智慧旅游营销管理平台针对旅游者进行城市营销，主动向旅游者宣传城市目的地。而智慧旅游政务管理平台和智慧旅游行业管理平台的有序运行则是各个部门为旅游者提供各项服务的保障。另外，智慧旅游政务管理平台的有效运行是智慧旅游营销管理平台和智慧旅游行业管理平台有效运行的前提和保证，同时智慧旅游行业管理平台的有效运行也是智慧旅游营销管理平台有效运行的前提和保证。

（一）智慧旅游政务管理平台

智慧旅游政务管理平台是指以高科技手段为依托，实现旅游公共服务的主要提供者——政府的在线办公。但是这里所指的"在线办公"不仅仅是案头工作的网络化转移，而是指通过科技手段建立一个网络大楼，实现各部门、各层级的高效互动，提高办事效率，主要由自动化办公系统（包括电子政务系统和协同办公系统）、移动办公系统等两方面构成；这两个系统的无缝衔接，使随时随地办公成为可能，两者所涉及的政务内容一致，并且应该同步更新，内容涵盖工作的各大子系统，如政务信息交换共享系统、人事管理系统、内部信息系统、会议管理系统等。

（二）智慧旅游行业管理平台

智慧旅游行业管理平台是指以高科技手段为依托，实现政府对各行业的在线管理，主要由智慧旅游行业运营监管系统、行业旅游信息报送系统、行业旅游服务质量评估系统、游客流量动态监测系统以及黄金周智慧旅游管理系统等五部分构成。其中，智慧旅游行业运营监管系统涉及旅游景区、旅行社、旅游饭店等各大业态（公司、员工及相关设施）的正常运行监管、舆情监控、数据分析以及诚信监管等。行业旅游信息报送系统包括旅行社业、旅游饭店业、旅游景区业等相关业态的信息填报系统；行业旅游服务质量评估系统是指对各个相关业态对客服务质量的测评，对于整顿旅游市场，实现旅游业的可持续发展意义重大。游客流量动态监测系统是为了提供高质量的服务，主要是通过高科技手段获取游客流量信息，并将信息传达给各个业态，以备各业态提前做好人力、物力等方面的接待准备，为游客提供一个高质量的旅游经历。黄金周智慧旅游管理系统是一个特殊的智慧管理系统，由于黄金周的特殊性，无论是出于统计的需要还是安全的考量，都有必要为黄金周设置一个独立系统。该系统主要由黄金周行业信息报送系统、黄金周客流量监控与预报系统、黄金周旅游安全监控系统以及黄金周突发事件应急系统等四个方面构成，从而保证黄金周期间旅游业各行业的正常运行，避免发生游客滞留现象等不良问题。

（三）智慧旅游营销管理平台

智慧旅游营销管理平台主要包含全媒体旅游营销系统、自媒体旅游营销系统、旅游营销效果检测系统等三大系统。其中，全媒体旅游营销系统是指构建一个旅游目的地推广信息传播采用文字、声音、影像、动画、网页等多媒体表现手段，利用广播、电视、音像、电影、图书、报纸、杂志、网站等不同媒介形态，通过融合的广电网络、电信网络以及互联网络进行传播，最终实现用户以电视、电脑、手机等多种终端均可完成旅游目的地信息的融合接收，实现任何人、任何时间、任何地点，以任何终端推广任何想要推广的旅游目的地信息。

在全媒体旅游营销系统的建设过程中要注意：第一，充分利用不同传播媒介的特点进行相关营销信息的设置与传播，以达到事半功倍的效果；第二，要针对性营销，不同的游客群体的旅游需求不同，其营销应该在云数据系统的基础上将顾客群体分类，实行针对性营销。

自媒体旅游营销系统的提出是源于随着信息技术的发展，更多的人乐于在网络社区分享旅途感受与见闻，这也成为旅游目的地营销的一大领域。

自媒体又称公民媒体或个人媒体，是指私人化、平民化、普泛化、自主化的传播者，以现代化、电子化的手段，向不特定的大多数或者特定的个人传递规范性及非规范性信息的新媒体的总称，自媒体的系统包括博客、微博、微信、百度官方贴吧、论坛等个人门户。其有以下优势：

第一，这些个人门户不仅具有信息发布功能，其个性化聚合功能还能够精确并即时地获取信息，从而构成一条双向的即时信息通道，这种通道的存在有利于培养更加广大的信息受众，从而支持其更旺盛的信息表达诉求。

第二，个人门户能够将信息挖掘和智能推送结合在一起，从而通过一种用户乐于接收的方式推动自媒体的传播。

第三，个人门户建立的社区生态系统加强了用户之间的联系纽带，使信息的发布者与接受者的沟通更加紧密，联系也更加稳固。

因此，旅游目的地应该充分利用自媒体这一强大的旅游营销系统，开展针对性营销以及口碑营销。营销效果检测系统的提出是因为营销的过程并不仅仅指营销这一件事情，它应该是一个反馈系统。全媒体旅游营销系统和自媒体旅游营销系统的效果需要通过营销效果检测系统来测评，通过测评结果来适时地调整营销策略、手段、方式等，以便达到最佳的营销效果。同时，由于信息技术的日新月异、人们需求的不断变化，一成不变的营销方式将远远不能满足营销需求。因此，营销效果检测系统是整个智慧营销体系至关重要的一个构成部分。

第三节 智慧旅游公共服务设计

一、目标原则

（一）发展目标

以科学发展观为指导，将智慧旅游公共服务工作作为建设国际旅游目的地的切入点和突破口，坚持"政府主导、部门协同、企业参与、市场运作"的原则，以深化应用和注重成效为主线，推动新一代信息技术与旅游公共信息服务、旅游基础设施服务、旅游公共安全服务以及旅游行政管理服务有效融合，建设面向旅游者、旅游企业和旅游行政管理部门的智慧旅游公共服务应用体系，加快旅游产业转型升级，推动智慧旅游城市的建设。

（二）基本原则

1. 政府主导

充分发挥政府在智慧旅游公共服务建设中的主导作用，明确智慧旅游公共服务发展目标和主要任务，科学布局，合理规划；加大政府引导性投入，营造有利于智慧旅游公共服务建设的发展环境和条件。

2. 多方参与

充分调动各方积极性，构建政府、企业、市民为主体，市场为导向，产学研用相结合的推进体系，整合各类共享资源，增强智慧旅游公共服务建设的协同力。

3. 示范引导

积极按照统筹规划、示范先行、分步实施、稳步推进的方针，有序推进智慧旅游公共服务建设。通过试点建设，充分实践和验证智慧旅游公共服务建设中技术的先进性、模式的可复制性和经验的可推广性，建立适合的智慧旅游公共服务建设模式。

4. 产用结合

紧抓智慧旅游城市建设机遇，大力推进相关智能制造装备产业发展，大力推进智能技术在国民经济和社会发展各领域的应用，以用促产，以产带用，产用结合，实现旅游公共服务相关应用的智慧化、产业升级智能化。

二、设计内容

（一）建设智慧旅游公共信息服务体系

1.建立信息推送平台

第一，完善信息推送平台。

以全方位信息推送为原则，完善信息推送平台，即在原有的信息推送平台的基础上，进行系统整合、补充完善，形成涵盖电脑终端信息推送系统、移动终端信息推送系统、LED信息发布系统、电视平台信息推送系统、广播平台信息推送系统以及报刊平台信息推送系统等六大部分构成的信息推送平台。

第二，整合电脑终端信息推送系统。

以电脑为终端媒介的信息推送系统，内容方式多样，主要由官方资讯网站、在线旅游企业网站以及官方微博等形式构成，为了方便旅游信息的推送以及旅游者信息的查找，需将各类电脑终端推送平台进行整合，使各网络平台的组合更加高效，产生协同效应。

第三，实现电脑终端推送系统与其他系统的联动。

随着移动终端的发展、散客游时代的到来，电脑终端信息推送系统的霸主地位将逐渐被取代，此时为了实现全方位的信息服务，需要借助多方信息推送系统，即将电脑终端信息推送系统、移动终端信息推送系统、LED信息发布系统、电视平台信息推送系统、广播平台信息推送系统以及报刊平台信息推送系统等六大部分进行系统整合，实现信息的同步更新以及针对性推送。

2.建立信息咨询平台

第一，增加电脑终端和移动终端等两大在线咨询系统。

鉴于网络、移动技术的发展，问题解决的及时性等要求，留言、信箱等网络咨询形式已经无法满足旅游者的需求。因此，要构建电脑终端信息咨询系统和移动终端信息咨询系统，两大系统均必须实现在线实时咨询、信箱、留言等需求。

第二，整合旅游信息声讯服务系统。

整合本地旅游服务热线，依托国家12301旅游服务热线，避免出现"一地多线"的现象，完善声讯服务系统的相关信息提供人员的知识结构，禁止出现推脱游客或是转移游客到其他热线等现象的出现。

第三，完善与升级旅游咨询中心集群信息咨询平台。

对原有的旅游咨询中心进行改造升级，通过采用多媒体和数字化技术，依托互联网，提供人际交流、网络互动和自助查询等旅游信息咨询服务。并且根据人流，合理进行咨询中心的布局以及规格设置，规格主要分为主中心信息推送系统、分中心信息推送系统、信息亭信息推送系统、触摸屏信息推送系统等。

3.建立信息反馈平台

第一，建立三大平台子系统。

为了实现信息推送与咨询效果的反馈，构建信息服务有效性监测系统、信息服务有效性评估系统以及信息服务有效性反馈系统等三大平台子系统。信息服务有效性监测系统完成信息推送和咨询层面信息有效性的监测，主要由信息后台管理系统、游客满意度调查机制（游客满意度点评系统）、游客投诉信息收集等部分构成；信息服务有效性评估系统完成信息服务有效性监测系统的监测数据进行统计、分析与评估；信息服务有效性反馈系统完成信息服务有效性评估系统所得的评估结果反馈到信息推送平台以及信息咨询平台的任务。

第二，建立三大子系统联动机制。

建立信息服务有效性监测系统、信息服务有效性评估系统以及信息服务有效性反馈系统等三大平台子系统的联动机制，使三大平台子系统形成一个良性的生态系统，最终实现信息发布、提供的高效性与精确性。

4.建立技术支撑平台

第一，建立智慧旅游云数据库。

强化资源整合、信息共享和政务协同，加快开放统一的智慧旅游云数据库建设，采集定位信息、商家提供信息、景点实时信息、游客反馈信息、现有运行的各种系统信息，采用智能卡、智能导游仪、智能查询技术、智能手持终端、现有网络设施等为载体，进行最大限度的聚合、将海量信息进行有效的挖掘、提取使之变成有序的整体，提供智能旅游计划、电子票务、网上预约、景点信息查阅、旅游信息统计等信息供游客、商家、景点管理者、政府相关部门使用。

第二，建设智慧旅游物联网平台。

用局部网络或互联网等通信技术把传感器、控制器、机器、人员和物等通过新的方式联在一起，形成人与物、物与物相联，实现信息化、远程管理控制和智能化的网络的智慧旅游物联网平台。

第三，建设信息网络基础平台。

云计算平台：统筹规划定位三大云计算公共服务平台，探索基于云计算服务的新型商业模式，支撑传统产业转型升级，创新电子政务的体制和机制，降低社会服务成本。实践中需要制定云计算平台相关技术标准和服务规范，有序推进云平台建设和应用。

信息基础设施集约化建设平台：加快信息基础设施集约化建设，以下一代通信技术发展为契机建设覆盖全市的高速信息网络和宽带无线网络。统筹规划和管理三网信息网络资源，推动广电和电信业务双向进入试点，探索三网融合协同机制。住宅小区信息基础设施集约化建设先行先试，解决"最后一公里"难题。

政务信息资源交换共享平台：建设政务信息资源交换共享平台，解决政务信息资源纵强横弱、条块分割问题，创建信息交换、信息共享的方式和环境，规范数据采集口径、采集方式、服务方式，建立统一的资源信息整合与交换机制，构建新型政务模式。

信息安全平台：建设具有全面防护能力的信息安全体系，统筹建设全市的灾备中心、病毒防范、无线电监管、信息安全应急等信息安全基础设施，有效保障网络、政务系统、重大民生系统及各种新技术、新应用的安全运行。

（二）建立智慧旅游基础设施服务体系

1.建立交通服务平台

第一，建立一个信息服务中心。

建立旅游交通信息服务系统，整合公路、航道、港口、场站、铁路和机场等交通地理信息资源。

第二，建立一个交通管理平台。

一是实时感应与实时控制。通过在交通线路随处都安置的传感设备，并将它们连接到集中控制的管理系统中，从而实现实时获取路况交通信息，以帮助监控和控制交通流量，减少道路的拥堵。

二是及时预知与及时调整线路。游客可以通过各种设备和途径及时获取实时的交通信息，并据此调整路线，从而避免拥堵，减少在路途中的时间浪费。例如游客在计划游览某景区之前，可以通过移动设备获取计划路线的拥堵情况和推荐的路线，用于规划行程的路线和目的地等。

三是更加广泛地互联。利用物联网技术，实现车辆与网络的互连，从而指引车辆更改路线或优化行程。

第三，完善旅游集散中心。

根据人流和位置对旅游集散中心重新进行合理的布局和搭配，主要由集散中心、集散分中心、集散点3种类型构成。

第四，建立两大交通系统。

建立公共交通系统和自驾车服务系统两大交通系统。公共交通系统涉及智能公交系统、智能地铁系统以及旅游观光巴士运行系统等。自驾车服务系统则主要涉及自驾游游客。

（1）虚拟交通引导员

一是精确专业的24小时城市交通引导。

通过测绘技术，获得城市和景点精确地图信息，使用交通引导系统为旅游者提供旅游过程中的交通引导服务，同时分析游客提供的旅游计划和要求，为每一个游客提供个性化和专业的24小时引导服务，减少游客对城市的陌生感。例如可以为游客提供路线引导，景点导航，特色餐馆、加油站、旅馆等配套旅游设施的引导等。

二是可信赖的安全引导服务。

通过在游客旅游过程中定位游客的位置，在紧急情况下，为游客提供紧急路线引导和救援等，保证游客旅游安全。例如可以通过GPS快速定位到受困旅游者的位置，引导旅游者找到正确的路线，或者通知救援机构实施人员救援。

（2）无人值守收费系统

一是自动化的收费服务。

通常的路桥收费、停车收费以及公共交通收费都采用有人值守的管理方式，这样浪费了较多的人力，无人值守收费系统通过利用RFID技术以及利用激光、照相机和系统技术实现，通过各种传感器控制系统，实现旅游者在通过道路和桥梁、使用停车场、搭乘公共交通工具时自由行动，从而使旅行更加方便快捷。例如使用 ETC 技术，实现在高速公路上无人值守收费，系统会自动获取安放在汽车内的 ETC 设备的账号信息，使得扣费操作与汽车放行同步完成。二是支付交通费用更加便利。在旅游者支付交通费用时，通过无人收费设备自动获取旅游者持有的标识信息，用以对游客收取费用，节省了游客支付交通费用的时间。

（3）车辆调度与实时追踪系统

一是统一、安全、有效的车辆调度。

城市中的车辆调度通常是小范围的，缺少全局车辆调度管理的车辆管理系统将会为繁忙的城市交通带来拥堵和安全事故，车辆调度与实时追踪系统将所有的城市交通工具信息纳入统一的管理系统之中，通过实时监测当前的交通信息，对城市中的交通工具进行统一的、安全的、有效的集中调度，优化城市的交通状况。例如在某一旅游景点的离开人数较多时，可调度在该景点周围或其他离开人员较少的景点的出租车和其他公共交通工具前往该景点装载游客，从而减少游客滞留数量。

二是精准定位，事故快速响应。

由于城市中交通工具是流动的且数量庞大，在事故或紧急情况发生时，能够实时准确定位到指定的交通工具是很困难的，通过安装在交通工具中的GPS 定位系统和各处的传感设备实现对所有运行的交通工具进行精确定位，一旦某些交通工具发生事故或紧急情况，可以立即反馈到管理系统中，管理系统会作出快速的响应，通知各相关部门进行处理。

2. 建立游憩服务平台

第一，完善城市公共设施服务。

根据旅游企业以及相关休闲设施的分布，对城市公共设施进行普查，并查漏补缺，完善城市公共设施，涉及邮政、金融、医疗、无障碍、环卫等。

第二，建立城市无障碍导引系统。

建立为散客服务的城市内的以手机客户端和城市自助导览系统相结合的城市无障碍导引系统。

第三，整合旅游支付系统。

整合旅游支付系统，包括无障碍刷卡系统（后台支持系统、铺设刷卡消费终端设备和发行中国旅游卡等）、在线支付系统（电脑和手机）。

第四，建立旅游休闲设施智能管理系统。

建立旅游休闲设施智能管理系统，涉及公共游憩区、特色街区、游览观光步道、开放式景区等公共景观和游览设施的管理、维护以及相关服务的提供。

（三）建立智慧旅游公共安全服务体系

1.建立智慧旅游安全监测平台

构建由旅游风险监控系统、旅游风险评估系统以及旅游风险预警系统等三部分构成的智慧旅游安全监测平台，通过摄像机、RFID技术等传感器监测感知自然、社会环境中存在的风险因素，通过风险评估系统对风险的程度及可能造成的威胁进行评判与预估，并根据风险的等级进行预警。

2.建立智慧旅游安全管理平台

第一，建立普通与电子协作执法系统。

完善普通执法系统，开发电子执法系统，实现普通执法与电子执法的协调配合，产生协同效应。

第二，建立突发事件应急处理系统。

旅游者在旅游过程中难免出现紧急情况（如伤病、事故等），需要第一时间为游客提供救助指导，同时联络各有关机构对游客进行救助，通过将游客所持有的移动设备链接到救助系统或在特定地点设置固定救助设备等多种方式，旅游者的实时状态将反馈到救助系统，一旦紧急情况发生，设备通过自动感应或旅游者自主求助方式将游客当前所处的位置、状态等信息反馈到救助系统，救助系统会根据反馈信息回送相关的应急处理方法给游客，游客会根据回送信息进行自救处理，同时系统会根据反馈来的信息，通知各有关机构（如医疗、消防等），有关机构根据信息实施救助，从而缩短旅游者紧急救助过程中浪费的时间，为游客提供安全性更高的保障。

第三，开发旅游保险系统。

政府应推动保险机构开发针对旅游饭店、景区等旅游经营主体的责任保险及游客的意外伤害、行程取消、行程延误、财物丢失、医疗救助等个人保险示范产品，并采取在线、实体等形式向旅游者提供。

3.建立智慧旅游安全监督平台

构建由新闻媒体安全监管系统、从业人员安全监管系统以及游客安全监管系统共同构成的智慧旅游安全监督平台，形成全方位的监督体系。

（四）建立智慧旅游行政管理服务体系

1.建立智慧旅游政务管理平台

第一，建立两大政务平台子系统。

建立由自动化办公系统（包括电子政务系统和协同办公系统）、移动办公系统两大子系统构成的智慧旅游政务管理平台。

第二，形成平台子系统间的协作机制。

两个平台系统需实现无缝衔接，使随时随地办公成为可能，两者涉及的政务内容一致，并且应该同步更新，内容涵盖工作的各大子系统，如政务信息交换共享系统、人事管理系统、内部信息系统、会议管理系统等。

2.建立智慧旅游行政管理平台

第一，建立和完善旅游行业四大平台系统。

建立和完善由智慧旅游行业运营监管系统、行业旅游信息报送系统、行业旅游服务质量评估系统以及黄金周智慧旅游管理系统构成的旅游行业四大平台系统。

第二，建立游客流量动态监测系统。

实时游客流量监控系统。

一是快速、准确、实时的游客流量监测与预测。

通常监测游客流量使用统计出入人数或估算人数的方式，这就造成游客流量的监控缺乏实时性并且会产生估算数据不准确的问题，通过采用电子门票、照相、红外人像识别、激光等技术，特定范围游客流量的实时监测，并实时反馈到统一的游客流量监测系统，通过计算和分析得出相应的流量控制策略，提交决策者决策。

二是科学的流量异常预案。

在发生游客流量异常之前，游客流量监控系统通过结合历史流量数据和当前流量的数据可以更加精确科学地预测出特定时段，特定区域内的游客流量，以此做好流量异常预案，并将流量信息及时通知旅游者。

三是快速、高效、人性化的游客流量调控。

在发生游客流量异常时，游客流量控制系统通过连接到系统的流量控制设备执行游客流量控制，游客流量控制设备直接连接到控制系统，并由指挥中心直接控制，可以有效地缩短流量异常到执行流量控制的反应时间和处理时间，使游客流量控制更快速、高效，使游客在人流高峰时段也有较好的游览体验。

城市旅游流量优化：

一是系统的城市旅游流量数据分析优化。

各个城市的旅游数据是一个信息宝库，限于技术的原因，往往不能得到很好的分析利用，城市旅游流量的优化，通过采集城市中历年旅游相关数据信息，收集各种媒体中与该城市旅游相关的数据，结合游客旅游的反馈信息，进行深入的分析，得出城市中旅游流量的变化趋势与规律，再根据规律制定科学有效的旅游流量规划，灵活调整城市旅游的发展策略，从而让城市的旅游流量更加优化，游客更加乐意到城市来旅游。

二是多城市的数据共享与互联。

各个城市之间的游客流量数据的共享与互联并不完善，通过建立统一的城市游客流量数据的共享与互联系统，实现同时分析多个城市之间旅游流量的变化，得出的规律可以用于优化各城市的游客流量。例如游客在游览完一个城市之后，在其进入下一个城市之前，系统即完成与另一城市的交通、旅游、住宿、餐饮等的联动，为其做好进入下一个城市的准备。

3.建立智慧旅游营销管理平台

第一，建立两大营销系统。

结合传统媒体和新媒体的优势，建立由全媒体营销系统和自媒体营销系统构成的两大营销系统，两者优势互补，最大限度地覆盖所有旅游者群体。

第二，建立营销效果监测系统。

鉴于信息技术的日新月异、人们需求的不断变化，一成不变的营销方式将远远不能满足营销需求，建立营销效果监测系统，使智慧旅游营销管理平台形成一个反馈系统。

三、智慧旅游公共服务发展实务

第一，基础设施建设，作为智慧旅游公共服务体系建设的基础工程，基础设施建设包括一般设施和休憩设施建设，旅游者和当地居民一样，对公共休闲区域、卫生间、金融网点、快递点、医院和无障碍通道等都有需求，同时，由于旅游者特殊的身份，其处于"非惯常环境"，对身边一切事物的要求会更高，由于旅游时间有限，旅游者通常对交通的便捷度和舒适度的要求往往高于平时。例如研发厕所APP，旅游者使用APP能定位附近厕所及每间厕所使用情况，同时APP内设置自助呼救系统，直接连接附近的急救中心，最快处理旅游突发事件。

第二，旅游公共信息服务，这是智慧旅游公共服务体系建设的核心部分。它更加关注旅游者出行时的"智慧化"，是否能在出行前查询到有效的网络信息，网站的信息设置是否有效。在旅游行程过程当时，能否实现旅游者定准定位，自主推送旅游者附近有效的旅游信息，免去旅游者查询这一环节。建设智慧旅游公共信息服务平台，在旅游行程过程中，实现"智能化"导游服务，自助解说和查询系统的建设、移动端APP建设和旅游标识标牌建设都是其重要组成部分。

第三，安全保障设施，这是旅游公共服务中涉及部门最多的一块。政府主要对旅游法规的制定，各部门（旅游、公安、工商、城管等）在管理过程中的执行，最大化保障旅游者的合法权益，监管旅游市场秩序。在旅游旅游目的地建设过程中，对各类安全标示标牌、游乐设施的建设，帮助旅游者在游览过程中规避危险，降低事故发生率。应急预案的制定，保障突发情况的最快速处理，最大化降低危害。还有利用高科技手段，实现对景区数据实时监控和分析，提前作出游客高峰预警，实现游客分流。

第四，行业发展建设，包括旅游人才培养、旅游景区规划开发、旅游者意见和建议反馈、目的地营销推广。随着现代旅游者需求个性化趋势，对旅游行业的人才需求也在发生变化，如智慧旅游技术人员、高级导游人员、高级管理人员的需求都在增大。其次，目前我国的旅游规划都缺乏对旅游市场的调研，未能真正了解旅游者的需求，旅游者也没有一个渠道了解旅游规划，无法提出自己的意见，造成许多规划都不符合市场需求，无法为旅游者提供优质服务。对于旅游目的地营销宣传，该建立由政府主导，旅游企业协助的宣传模式。因为旅游公共服务体系具有公共性和公益性，只有由政府主导才能最大化保证其"盈利性"目的的最小化。

第六章 智慧旅游目的地建设

第一节 智慧旅游目的地的概念与特征

一、智慧旅游目的地的概念与内涵

旅游目的地是指吸引旅游者专程前来参加观光游览、休闲度假和会议展览等活动的空间区域。旅游目的地具有吸引性、舒适性、可达性的特点以及一系列附属服务，是一个既包括景区（点）、宾馆饭店、餐厅酒吧等接待硬件设施，也包含信息通信、金融邮电、居民好客度、法律环境等现代服务业和软实力在内的一个完善的地域接待系统。

智慧旅游的发展建设涉及整个旅游业，包括景区、酒店、旅行社等，将同一旅游目的地范围内的旅游要素进行统一的智慧旅游建设，便形成了智慧旅游目的地。因此，智慧旅游目的地是基于新一代信息技术，为满足旅游者个性化需求，在旅游目的地范围内为旅游者提供高品质、高满意度服务，并对旅游业相关的各种资源、信息、要素、设施、服务等进行系统化、集约化、智能化的管理变革。

对智慧旅游目的地概念内涵的理解，主要从以下方面展开：一是智慧旅游目的地发展建设的基础是新一代信息技术的应用。这种技术包括互联网、云计算、物联网、人工智能、移动通信技术等内容，通过对现代科学技术的综合应用，高效便捷地实现服务、管理、商务、营销等功能。二是智慧旅游目的地发展建设的主要目标是为旅游者提供高品质、高满意度服务。为了提高服务的质量，就必然涉及智慧管理、智慧营销等内容，因而，智慧服务、智慧管理、智慧政务、智慧商务、智慧营销等内容，最终都围绕服务旅游者，进而实现旅游目的地经济社会发展而展开。三是智慧旅游目的地是多种旅游要素的综合体。这些要素具体包括景区、酒店、餐饮、交通、旅行社等，某一种或某几种要素的智慧化建设，并不能成就旅游目的地整体的智慧化；只有各要素全面地开展智慧化建设，才能最终构建成为健全完善的智慧旅游目的地。四是智慧旅游目的地是旅游要素统一结合的有机整体。在旅游目的地范围内，能够实现资源、信息、设施、服务等内容的联动性发展应用，各种要素的联动发展，能够极大地为旅游者开展旅游消费活动提供便利。五是智慧旅游目的地的发展建设是一个系统化、集约化、智能化的管理变革的过程。智慧旅游目的地的建设不是一蹴而就的，也不是一劳永逸的，而是处于动态发展变化的过程中。随着经济社会发展和消费方式改变，智慧旅游目的地发展建设的内容也不断改变，但其始终是一个系统化、集约化、智能化变革的过程。

二、智慧旅游目的地建设的意义

（一）提升旅游目的地综合服务水平

通常情况下，旅游者到达旅游目的地之后，其旅游消费活动涉及食住行游购娱等各个方面，而并不局限于旅游景区或旅游酒店。为了提升旅游目的地的整体服务水平，就需要对涉及旅游活动的相关服务进行智慧化建设，以全面提升旅游服务水平。单一要素的智慧化建设，并不能最大限度地实现智慧化；只有整体联动和系统构建，才能真正提升智慧化建设水平。假如旅游目的地内只有某个景区进行了智慧化建设，那么在这个景区范围内，智能门禁系统、智能监控系统、电子导游系统等也能够提升这个景区的服务水平，为旅游者带来方便。但是，当旅游者需要查询交通、门票等信息，需要进行网上预订，需要查询旅游目的地的休闲娱乐设施时，由于智慧景区的信息并非通过智慧平台统一联动，而是将其他信息放置在智慧景区云平台上，信息更新、联动性较差，因而就不能为旅游者提供周到便捷的信息查询、在线预订、即时交互等服务，这就无疑降低了智慧景区的服务水平。因此，只有涉及旅游活动和旅游消费的要素能够整体联动，并进行全面智慧化，才能真正提高旅游体验的智慧化水平。因此，智慧旅游目的地的发展建设也就成为现实的需要。

（二）方便散客、自助游、自驾游等旅游者开展旅游活动

随着经济社会发展和旅游方式的改变，自驾游、自助游等旅游者数量

逐渐增多。传统意义上的团队旅游表现为导游引导、司机开路，旅游者无须担心景区、酒店等方面的信息获取，只需"身在其中"即可开展旅游体验。而在当前旅游发展中，大多数旅游者是通过自助查询、对比、分析、评价来开展旅游活动，作出旅游决策的，因此，通过智慧旅游目的地建设对接游客需求成为智慧旅游目的地建设的主要目标。随着智能手机、平板电脑的广泛应用，人们来到旅游目的地后，获得导游、导览、导航、导购等服务，运用手机查询信息、路线导览、线上预订、实时分享等，因此，智慧旅游目的地发展建设应当对接游客需求，只有最大限度地方便游客消费，才能满足消费需求，进而推动旅游目的地经济社会的发展。

（三）树立旅游目的地的良好形象

长期以来，我国许多旅游目的地的发展主要以旅游景区为主，而在旅游目的地形象的建设上不足，许多旅游目的地可进入性差、经济发展落后，旅游者在到达旅游目的地后，常常需要花费较多的时间和精力寻找景区和酒店等。智慧旅游目的地的发展建设，将目的地范围内的景区、酒店、交通、通信、娱乐、文化等资源和要素整合，为旅游者提供个性化服务，对接旅游者需求，使旅游者在目的地内能够便捷地开展旅游活动。通过智慧旅游目的地系统，能够优化旅游目的地形象，使旅游者获得优质的体验，进而实现口碑传播。此外，依托智慧旅游目的地系统，借助微信、微博、空间、微电影等新媒体和新方式，将旅游目的地的风土人情、旅游资源、优惠信息、生态环境等展示给旅游者，从而提升旅游目的地的良好形象，同时也起到旅游目的地市场营销的作用。

（四）推动旅游目的地经济转型升级

随着中国社会经济的发展，人们收入水平的提高，交通效率的提升，单纯地依靠观光旅游来发展旅游经济的模式已经不能满足现代旅游业的发展；休闲度假旅游者的逐渐增多，使得旅游目的地必须进行转型升级，丰富休闲度假旅游产品，发展旅游产业经济。旅游者在旅游目的地开展休闲度假活动，通常涉及交通、餐饮、住宿、娱乐等内容，旅游者的日常生活悄然走进旅游目的地，因此旅游目的地必须通过丰富的产品、服务等对接游客需求，发展产业经济。在此基础上，通过智慧旅游目的地的发展建设，将食住行游购娱等要素进行整合，为旅游者查询、导航、预订、支付等提供便利，从而真正促进旅游目的地经济社会的转型升级。

（五）提高旅游管理水平的需要

传统上的旅游管理，主要通过大量的人力劳动进行管理，对旅游企业业务的管理、旅游安全的管理、旅游市场规范的管理等，多是通过实地监督检查、研究分析来进行。这就使得旅游管理需要花费大量的人力、物力和财力，并且管理效率不高。智慧旅游目的地的发展建设，使得许多管理工作和管理内容都可以通过网络、计算机、智能设施来实现，从而直接提高管理效率和管理水平。智慧旅游目的地助力提高管理水平主要体现在以下方面：一是实现网上办公。例如，旅游企业在申请业务、材料上报、信息审核等方面，以前通常是由工作人员将纸质材料进行送往传达，耗时耗力，而通过智慧旅游目的地系统，可以直接进行网上递交、查阅和审批，直接在人力、时间等方面提高效率。二是原本不易控制的内容可以实现高效管理。例如，通过公共场所的智能监控体系，对旅游目的地进行安全管理，从而提高旅游目的地的治安水平。又如，通过无所不在的泛在网络，当旅游者遇到险情时，能够及时呼救并传递信息，管理人员可以精准定位，从而展开营救。三是实现旅游要素的综合管理。如智慧景区、智慧酒店的发展建设将有助于提升景区和酒店的管理能力和管理水平。

三、智慧旅游目的地建设的主要目标

（一）无线网络的泛在覆盖

当前，智能手机、平板电脑等智能终端设备已成为社会大众日常生活的重要内容，人们利用智能手机进行信息查询、网上学习、读书娱乐、网上消费等。在身处外地，尤其是旅游者陌生的旅游目的地时，无线网络的使用尤为必要。人们利用自己的智能手机和平板电脑等，能够实时查询信息、网上预订、便捷支付等，获得导游、导览、导购、导航等服务，真正实现一机一网玩遍旅游目的地。因此，无线网络成为智慧旅游目的地发展建设的基础。只有构建了泛在的无线网络，才能实现资源、要素、产品、服务、设施、设备、人员的充分联动。

（二）信息资源的充分整合

对旅游者而言，在旅游目的地进行消费活动，需要获知旅游目的地的各种信息，包括景区门票、交通路线、航班动态、地方文化等内容；只有充分了解所需信息，旅游者才能安全放心地开展旅游消费活动。对旅游管理者而言，只有明确景区、酒店、旅行社等方面的信息，才能及时地对旅游目的地经济社会运行的状态进行准确判断，从而为发展策略、管理方式的选择提供依据。对旅游企业而言，不同类型的企业将产品和服务在平台和渠道上进行整合，并实现联动运营，既是合作共赢的现实需要，也是提升自身服务功能的理性选择。因此，只有对旅游目的地的信息进行充分整合，才能实现科学合理的利用。值得注意的是，旅游目的地信息的整合应当建立在准确、及时的前提之上，进而实现信息利用的价值。当然，不同的信息具有与之相应的采集主体和管理渠道，信息的管理和获取应当有与之相适的权限主体，只有在合理、合法的原则下，对各类信息进行充分整合，才能实现信息利用的最大价值。

（三）公共服务的健全完善

基于智慧旅游目的地整体要素的视角，在旅游企业之外，政府应当着力进行旅游公共服务建设，为各类旅游者提供周到细致、健全完善的旅游公共服务。旅游目的地公共服务体系主要包括公共信息服务、公共交通服务等内容。就公共信息服务而言，政府应当在主要旅游节点、火车站、汽车站、高铁站、旅游景点、旅游街区等旅游者活动区域提供公共服务，其形式可以是智能信息查询终端、智慧旅游显示屏等内容，通过这些终端，便于旅游者查询相关信息；就旅游公共交通服务而言，应当设立明确、醒目、多语种的交通标识体系，为以不同方式、不同路径到来的旅游者提供准确、周到的公共服务。智慧旅游目的地所提供的公共服务不应当局限于旅游活动集中区和旅游活动主体要素，在一些偏远地区，如驴友开展探险旅游常走的路线、容易发生安全事故的区域，除排除安全隐患、做出提醒警示，还应当在事故发生后能够及时地提供救援等公共服务。智慧旅游目的地的发展建设应当从各个角度、各个层次、各个区域健全完善公共服务体系，实现公共服务的全时段、全空间供给。

（四）游客体验的智能便捷

除了具备强大的功能，游客体验的便捷程度也是智慧旅游目的地发展建设的内在要求。随着大众旅游时代的到来，不同知识水平、认知能力、综合素质的旅游者均能参加旅游活动，这就对智慧旅游体系应用的便捷性提出了要求。如果智慧旅游目的地的发展建设是为了凸显功能强大，在用户体验上却复杂、烦琐，则不是智慧旅游目的地的本真面貌。智慧旅游目的地的游客体验项目，应当有傻瓜式的便捷性，只需简易操作，即可获得相应的产品和服务。因而，无论是公共服务，还是企业服务，智慧旅游目的地发展建设的目标之一即是实现游客体验的智能便捷。

（五）旅游管理的全面提升

智慧旅游目的地的管理首先应当实现旅游企业的管理，包括旅游景区、旅游酒店、旅行社等。旅游景区对游客数量、旅游资源、旅游安全等进行管理，可以最大限度地减少客满为患、旅游资源破坏、旅游安全事故等情况的发生；旅游酒店对员工、餐饮、客房等服务进行管理，可以直接提高顾客的体验和满意度；旅行社对导游、车辆、团队、顾客等进行管理，可以保障旅游活动的顺利开展。在旅游企业各司其职、各履其责的情况下，旅游行政管理部门则对旅游市场秩序、旅游公共环境等进行管理，旅游企业和旅游行政管理部门的共同发力，将促进旅游目的地管理水平的全面提升。

（六）产业经济的协同发展

智慧旅游目的地的发展建设，将旅游经济发展模式定位至产业经济模式，而非传统上许多地区对门票经济的过分依赖。产业经济的协同发展离不开旅游要素的充分联动和互联互通，这就需要酒店、旅行社、旅游景区等协同运作。例如，旅游者在旅游景区开展游览活动的过程中，需要预订酒店客房、景区门票，需要租车等，可以直接通过智慧景区云平台，便捷地进行预订和支付。旅游经济的协同发展，需要各旅游企业与旅游行政管理部门的通力合作，进而实现融合互动和共同发展。

智慧旅游目的地的发展建设，将着力于实现上述主要目标，归结起来，即通过智慧旅游目的地的发展建设，吸引旅游者前来开展旅游消费活动，进而提高旅游目的地的经济社会发展水平，实现旅游业发展的经济效益、社会效益和环境效益。

四、智慧旅游目的地的主要特征

与智慧景区、智慧酒店等建设不同，智慧旅游目的地的发展建设从整体出发，对旅游目的地进行全面的智慧化建设。智慧旅游目的地的发展建设主要表现出 3 个特征，即泛在化的公共服务、全面智慧化的旅游要素、充分的互联互通。

（一）泛在化的公共服务

为了充分实现智慧旅游目的地的发展建设，需要从两个视角提供公共服务：一是为旅游者提供公共服务。这就涉及信息咨询、智能导航、危机预警等各个方面，在旅游者活动区域，为旅游活动和旅游消费提供充分的服务。例如，泛在化的网络覆盖，使旅游者凭借智能手机和平板电脑即可玩转旅游目的地；便捷易得的智能导航系统，使得旅游者在乘坐公交车或自驾车的过程中，能够通过智能导航系统，实时查询路况信息和车辆信息，从而为行车导航提供智能服务。二是为旅游目的地的涉旅企业提供公共服务。例如，从顶层设计的角度，对旅游目的地的景区、酒店、旅行社等进行的智慧化建设提供指导和帮助，对智慧旅游目的地进行规划设计，制定智慧旅游发展建设的规范标准等。为旅游者提供公共服务能够直接方便旅游活动和旅游消费，而为旅游经营者提供公共服务则能够从长远上促进智慧旅游目的地的整体建设。

（二）全面智慧化的旅游要素

智慧旅游目的地的发展建设是政府和企业共同作用的结果，只有双方共同发力，才能实现旅游要素的全面智慧化。在分工明确的前提下，政府和企业各司其职、各尽其力，才能构建完善的智慧旅游目的地。政府从旅游目的地发展的视角，统筹制订智慧旅游目的地发展建设规划，对智慧旅游目的地进行顶层设计；在此基础上，政府构建公共服务平台，为旅游企业和旅游者提供服务。公共服务平台具体包括旅游目的地数据库、智能导航系统、无线网络覆盖系统、智能监控系统、安全预警系统和信息发布系统等，同时，智能设施设备的配给等使得旅游者在目的地范围内能够便捷地开展旅游活动。对于旅游企业而言，政府应当在信息采集、信息沟通、行业协作中发挥统筹协调作用；基于政府所提供的信息平台、建设标准，旅游企业将公共信息等引入企业发展中，并在此基础上，基于企业发展需要，有针对性地进行智慧项目建设。各旅游企业因地制宜地进行智慧旅游建设，最终实现旅游要素的全面智慧化；只有旅游目的地整体的智慧化建设，才能形成健全完善的智慧旅游目的地系统。值得注意的是，智慧旅游云平台等项目的构建、安全预警等公共服务的供给，在发展实践中，本身并非要求完全由政府来构建和实施，也可由企业来运营和管理，但必须在政府的主导和管理下，实现智慧旅游目的地公共服务的供给。

（三）充分的互联互通

公共服务的充分供给与旅游企业的智慧化建设，离不开信息、资源、网络的互联互通，单一要素的智慧化，容易形成信息孤岛，甚至是智慧孤岛，这样必定会限制智慧旅游的水平，也不是智慧旅游目的地的良好形态。智慧旅游目的地的发展运营应当是各种要素、资源、信息等的互联互通，这就涉及旅游者、旅游经营者和旅游行政管理者。旅游者能够便捷地获得政府部门所提供的公共服务，并且将之与旅游企业所提供的服务进行对接，从而联合构成旅游活动的信息和内容，便捷地开展旅游活动；旅游企业则能够获得政府部门所提供的公共服务，并基于公共服务和设施设备等提供与之相适的产品和服务，同时能够获得旅游者信息，进而有针对性地提供个性化服务；旅游行政管理者则能够对旅游者和旅游企业进行综合管理，例如对旅游行为、旅游安全、旅游信息等进行管理，对旅游企业的发展运营进行指导和监管，三者的互动和沟通，将提升智慧旅游目的地发展运作的效率。当然，充分的互联互通并非不设限的、全面式的产品和服务信息，而是具有一定的限制，各方提供和获取的信息、资源等有相应的限度，互联互通的权限也有特定的管制，在既能充分互联互通，而又有权限设置的情况下，保障智慧旅游目的地的有序发展。

第二节 智慧旅游目的地建设的框架体系

一、智慧旅游目的地建设内容

（一）基础设施

由于旅游目的地是一个完整的系统，各单元和各要素进行连接和互动，就必然涉及公共基础设施的供给，例如，泛在网络、交通体系、危机预警等方面功能的实现，都需要以健全的基础设施为前提，智慧旅游目的地发展建设的重要前提是提供智慧旅游公共设施。由于智慧旅游目的地的发展建设需要统筹协调和统一管理，在规范标准的制定、统一体系的构建等方面的工作也需要由旅游行政管理部门统筹开展。

（二）公共信息服务

主要是对旅游目的地范围内涉及旅游活动的信息的集成和传递，如酒店、餐饮、景区、银行、邮政、卫生等信息，便于旅游者查询和咨询，从而为旅游消费和旅游活动提供便利。公共信息服务应当全面、准确、及时，并实时更新，由此为旅游者提供精准的信息服务。公共信息服务主要从两个方面展开：一是构建旅游信息云平台，旅游者通过自身携带的智能手机和平板电脑等智能移动终端设备，可自行查询获取旅游信息；二是提供固定智能终端设备，如在火车站、汽车站、闹市区、旅游景区等游客集中的节点，建设智慧旅游触摸屏，旅游者可以通过触摸屏获取旅游信息。在相同的信息平台上，通过公共服务设施和个人智能设备获得的旅游信息应当具有同一性。

（三）公共交通服务

公共交通服务要解决两个问题，一是为不同类型的旅游者提供服务，二是提供交通服务的具体内容。对于不同类型的旅游者，公共交通服务应当实现旅游目的地范围内的全覆盖，为不同进入方式、不同路径的旅游者提供服务，使得旅游者进入旅游目的地及在旅游目的地开展活动的过程中，通过公共交通服务体系，即能便捷地开展旅游活动，实现旅游交通的流畅通达。在服务内容方面，通过智能交通控制系统，实时对路况、车辆等信息进行更新，便于旅游者及时做出选择。实际上，智慧旅游目的地所提供的公共交通服务，主要包括两个方面：一是公共交通工具和设施的智能，如智能公交系统的应用；二是利用智能技术，提供公共交通信息，如自驾车旅游者可以借助旅游目的地所提供的智能导航信息，实现旅游目的地范围内的自由通行。

（四）公共安全服务

智慧旅游目的地范围内的智能监控、安全预警、应急救援等，这类公共服务为旅游活动的开展保驾护航。

二、行业要素

旅游企业是智慧旅游目的地发展建设的个体要素，旅游企业的智慧化建设与旅游目的地公共服务体系的联动发展，能够实现智慧旅游目的地的发展运营。

（一）智慧景区

在旅游景区内进行智慧化建设，将景区的智慧化与旅游目的地的公共服务对接，使得旅游者既能通过智慧景区的框架体系获得相应的服务，又能借由智慧景区提供的网络平台和终端查询旅游目的地信息，满足旅游需求。智慧景区的发展建设着重在于解决和满足自身发展中存在的客满为患、资源保护、电子讲解、智能门禁等问题和需要，景区将自身管理的平台体系与旅游目的地公共服务平台对接，能够实现旅游景区与旅游目的地的协调发展。

（二）智慧酒店

顾客在酒店消费的过程中，通常与在目的地范围内的其他活动联系在一起，因此就有了信息查询、网上预订等方面的需要。这就要求智慧酒店在智慧客房、智能入住系统等体验性项目的发展建设之外，还应将外界信息咨询及个性化服务引申至酒店，实现智慧酒店与智慧旅游目的地的实时联动。

（三）智慧餐饮

主要对智慧点餐系统、餐饮服务系统等进行建设。例如顾客通过店铺所提供的平板电脑或自身携带的智能手机和平板电脑等设备，通过连接店铺的无线网络、扫描二维码等方式实现自助点餐。在点餐的过程中，既可以了解菜品的工艺、图片、营养等信息，也可以实现点餐系统与厨房的实时连接、便捷加餐等服务。此外，旅游者还可以提前点餐。如旅游者在旅游景区观光游览的过程中，即可提前点餐，然后直接到店铺就餐，从而避免到店后的长时间等候。在实现智慧点餐的同时，还可以利用店铺所提供的平板电脑玩一下小游戏，由此丰富餐饮消费的文化和乐趣。

（四）智慧交通

市政部门、出租汽车公司或游船公司等，通过智慧交通的构建，使管理者和旅游者实时了解路况、车辆定位、行车时间等信息，从而为旅游者提供智慧交通服务。例如，出租汽车公司通过智能导航，对旅游车辆进行实时定位，从而避免拉私活等情况的发生；同时，在行车的过程中，司机能够实时了解路况信息，便于做出路线选择和规划。智慧交通的发展建设，既能提供智能的交通导引服务，又能助力车辆公司的管理，还能减少安全隐患，从而为旅游者提供安全放心、快捷高效的交通服务。

（五）智慧旅行社

主要包括旅行社的业务管理系统、导游管理系统、产品组织系统、顾客信息系统等内容。当前智慧旅行社发展建设的内容还主要围绕旅行社业务的线上管理而展开，由于旅行社通常对旅游目的地范围内的景区、酒店、餐饮等要素进行整合，因此其产品和服务信息可以镶嵌在智慧旅游目的地公共信息服务体系中。

各类企业在智慧化发展建设的过程中，在立足自身建设的同时，应当注重与外界的联系，尤其是与旅游行政管理部门和其他旅游企业的沟通、合作、交流，从而实现信息共享、共同发展。旅游企业与智慧旅游目的地公共服务平台的对接，将自身发展建立在智慧旅游目的地统一的规划和标准之上，能够实现各建设主体的规范化、标准化和持续化发展，从而有利于智慧旅游目的地整体水平的提升。

三、运营体系

（一）智慧服务

智慧服务是智慧旅游发展建设的重要目标，无论是智慧旅游目的地，还是旅游目的地中的智慧景区、智慧酒店等要素，服务都是价值创造的直接来源，其包括智慧旅游目的地的公共服务和智慧旅游企业的有偿服务。通过智慧化建设，提高服务的内涵和品质，从而提升旅游体验，助力旅游企业和旅游目的地发展。

（二）智慧管理

智慧旅游目的地的发展，尤其注重区域内旅游要素的整体联动，通过整体联动，实现智慧管理，能够极大地提高管理效率。首先，对旅游信息、资源、设施等的管理。以旅游信息为例，在传统旅游发展中，旅游信息的传递通常较慢，且在传递过程中具有一定的滞后性，由此使得信息的价值和可靠性受到影响；而通过智慧旅游对信息进行实时采集、处理和利用，能够最大限度地保障信息的时效性、准确性和全面性，从而满足各方需要。其次，对旅游企业进行管理。将繁杂琐碎的管理工作转移到网上，直接实现网上办公，可大幅提高管理效率。再次，对旅游经济运营进行管理。如对旅游市场秩序、导游行为、游客投诉等进行管理，可以通过智慧旅游目的地，及时解决和处理旅游中的各种问题，提高游客满意度。最后，对游客的管理。通过智慧旅游系统，对游客数量、游客行为等进行管理，有利于构建和谐、文明、舒适的旅游环境。

（三）智慧运营

针对旅游企业的发展运营情况，进行智慧化建设，在产品生产、服务供给、企业运作等方面，实现经营运作的智慧化。

（四）智慧商务

从旅游行政管理的角度，统筹进行智慧旅游目的地发展建设，也必然要涉及智慧商务。当然，政府可能不直接从事旅游电子商务的相关工作，而是要提供一个平台，将旅游目的地内的电子商务信息集中到平台之上，如门票、酒店、餐饮、娱乐等的产品、价格信息；通过电子商务平台，旅游者可以直接实现网上预订和线上支付。智慧旅游目的地所提供的电子商务平台，通常具有较高的综合性、可靠性和权威性，因而智慧商务是智慧旅游目的地发展建设的重要内容。

（五）智慧营销

通过智慧旅游目的地的发展建设，可以提升和优化旅游目的地的整体形象，助力旅游目的地品牌营销和形象宣传；同时，智慧旅游目的地发展建设的成果，又可以通过微博、微信、微电影、智能终端等展示、传播和强化旅游目的地的美好形象。因此，智慧旅游目的地的发展建设将形成智慧营销的良性循环，推动智慧旅游目的地的发展。

第三节 智慧旅游目的地建设的对策

一、智慧旅游目的地建设存在的不足

（一）缺乏科学系统的顶层设计

智慧旅游目的地的发展建设通常涉及面广、成本投入高、影响范围大、建设时间长，因此智慧旅游目的地的发展建设应当是一个不断积累、循序渐进的过程。这就需要对智慧旅游目的地发展建设进行顶层设计，只有确立长期目标，立足长远发展，才能使得智慧旅游目的地发展建设持续积累和前进。但现实状况是，许多旅游目的地在智慧旅游发展建设中，没有顶层设计，缺乏系统规划，发展建设各行其道，这就不利于智慧旅游发展建设成果的积累和拓展。

（二）政策规范和标准体系建设不足

智慧旅游目的地的发展建设，如果没有统一的规范和标准，将会使得各建设主体各行其道，最终建设出来的成果将是五花八门。例如，对于信息的格式、渠道的联结、技术的尺寸等基本内容，如果不能有效地进行规范和统一，随着发展建设的逐步升级，智慧旅游目的地在项目拓展和互联互通中将面临困难。

（三）智慧化水平较低

当前，一些旅游目的地为了跟随智慧旅游发展建设的热点和潮流，在没有进行科学研究和系统规划的情况下，即进行简单、基础的项目建设，如建设旅游门户网站，开通微信、微博平台，并声称智慧旅游目的地发展建设取得了较好的成果。但实际上，其功能和应用水平较低，所谓的智慧旅游目的地可能徒有虚名。

（四）旅游企业并未充分纳入智慧旅游目的地发展建设

部分旅游目的地在推动智慧旅游发展建设中，片面强调网络覆盖、信息服务、安全预警等方面的建设，缺乏智慧旅游目的地发展规划，没有相应的规范和标准，未构建服务旅游企业的平台，也不对旅游企业的智慧化建设提供指导和帮助，对智慧景区、智慧酒店、智慧餐饮、智慧旅行社等的推动力度明显不足。

（五）重复建设现象严重

许多旅游目的地在智慧旅游发展建设中，由于未能充分实现互联互通，重复建设现象较为普遍。例如，旅游目的地和不同的旅游企业分别开发自己的 App、二维码等应用，旅游者在旅游活动或旅游消费中，为了获得相应的服务，就必须多次下载和应用不同的客户端，这样的"智慧"反而给旅游者带来麻烦。重复建设也存在于信息收集、平台渠道等方面。智慧旅游目的地的发展建设应当最大限度地实现功能和要素的集成，并提供一站式服务，大量的重复建设将使"智慧"受阻，也会造成资源的浪费。

二、智慧旅游目的地建设的对策建议

（一）着眼长远发展，制订科学规划

从经济社会发展的主流趋势来看，信息化已然成为社会的重要特征，随着中国旅游信息化的优化升级，智慧旅游将是中国旅游的主流趋势。智慧旅游目的地的发展建设应当着眼于长远，谋求智慧旅游目的地的持续发展和改造升级。因此，在智慧旅游发展建设初期，应当确立发展目标、框架体系、主要内容等，对智慧旅游目的地的发展建设进行科学规划，从顶层设计的角度，实现智慧旅游目的地长期健康可持续发展。信息社会发展千变万化，信息技术的应用升级日新月异，如果只是为了跟随智慧旅游的热点和潮流，盲目地进行建设，缺乏系统地定位与思考，那么从长远来看将会造成资源的浪费，也不利于智慧旅游发展建设中信息、技术、设备、应用的积累。因此，根据发展规划，循序推进智慧旅游目的地发展建设，才能实现智慧旅游的功能和价值。

（二）统一规范标准，实现整体联动

智慧旅游目的地是一个完备的旅游系统，涉及旅游活动和旅游业的方方面面，如果每个企业依据自身需求，各行其道、各自为政地发展建设，那么建设成果在发展运用的过程中将会遇到障碍。例如，信息的格式、技术的标准、数据的通联、传播的渠道等，如果不能实现互联互通，那么智慧旅游的发展和应用效率，旅游管理、企业运营等方面就将受到影响。因此，在智慧旅游发展建设的前期，旅游目的地应当制定统一的规范标准，对智慧旅游目的地的发展建设进行统筹指导，在功能集成和运营使用中，实现智慧旅游目的地的联动化和一体化，从而真正为旅游体验、旅游服务、旅游管理和旅游运营带来便捷。

（三）推进公共服务，鼓励企业对接

智慧旅游目的地的发展建设不是政府的独角戏，而是旅游行业的共同选择。政府在智慧旅游目的地发展建设的过程中，应当起到主导作用、引领作用和推动作用，尤其是在公共服务供给和基础设施构建方面，政府应当搭建平台，鼓励和引导旅游企业进行智慧化建设；在具备网络体系、信息平台等基础设施和公共服务的前提下，旅游企业进行智慧化建设成为理性选择。政府在智慧旅游目的地发展建设中，应当扮演好组织者、协调者、领导者和推动者的角色，从而带动旅游企业参与智慧旅游目的地发展建设。

（四）循序进行建设，解决现实问题

在没有现成模式，也没有范例标准的情况下，智慧旅游目的地的发展建设不可能一蹴而就，也不可能一劳永逸，而是在探索中前行，这就使得智慧旅游目的地的发展建设应当分阶段循序推进。首先，进行智慧旅游基础设施和基本项目建设，如网络覆盖、旅游数据库云平台等，构建智慧旅游发展建设的基础；其次，对接旅游者需求，将智慧旅游的发展建设与旅游活动和旅游消费结合起来，如在微信客户端、线上预订、便捷支付等方面进行建设，以满足旅游者需求；再次，结合当前旅游业发展的热点和难点问题，根据旅游企业和旅游目的地发展的现实情况，有针对性地进行建设，助力解决旅游业出现的景区拥堵、价格欺诈、投诉无门、购买不便、信息孤岛等问题；最后，随着旅游经济发展和社会生活方式的转变，逐步更新升级智慧旅游发展建设的内容，从而丰富和拓展智慧旅游目的地的功能价值和框架体系。

（五）预留拓展空间，随时准备升级

当前，智慧旅游目的地的发展建设处于起步和探索阶段，旅游目的地和旅游企业都在探索智慧旅游建设模式。在智慧旅游目的地发展建设中，将有更多的平台和客户端进入智慧旅游体系。例如，新业态的出现，跨界融合的产生，使得智慧旅游应当与更多的平台和渠道进行对接。因此，在智慧旅游目的地的发展建设中应当预留一定的拓展空间，随时准备优化升级。

第四节　智慧旅游城市建设实践

一、智慧旅游城市概述

城市通常是旅游目的地的范畴，是旅游目的地的重要组成部分，智慧旅游城市是智慧旅游目的地的重要类别。城市在信息、资源、要素、交通、物流、文化等各方面的优势，使其天然具有旅游目的地的属性，目前国内智慧旅游目的地的发展建设也主要围绕智慧旅游城市展开。

智慧旅游城市，单从字面含义来看，既可以理解为"智慧的旅游城市"，也可以理解为"智慧旅游的城市"。"智慧的旅游城市"强调"旅游城市的智慧"，主要体现智慧城市的内涵；"智慧旅游的城市"强调"城市的智慧旅游"，主要体现智慧旅游的内涵。因此，将智慧旅游城市理解为以智慧旅游为特征的城市更为妥帖。

智慧旅游城市的发展建设需要政府在基础设施建设、旅游资源整合、公共服务供给等方面发挥主导作用，同时引导民间资本参与智慧旅游发展建设，从而探索构建科学有效的发展模式。但在实际发展中，智慧旅游城市并没有充分表现出"智慧"的状态，其原因如下：一是城市通常具有旅游目的地的属性，智慧旅游目的地发展建设的重要内容是构建基础设施和提供公共服务，智慧旅游城市所提供的公共服务，多数停留在网络覆盖、信息供给等浅层面，服务的内容、深度和功能有待强化；二是旅游目的地是一个复杂的系统，而智慧旅游城市的发展建设涉及景区、酒店、餐饮、交通等要素，在企业进行智慧化建设的背景下，智慧旅游目的地在构建基础设施、提供公共服务等方面的作用未能充分显现；三是智慧城市的发展建设包含了智慧旅游方面的内容。智慧城市在交通、安全、信息等方面所提供的公共服务具有普遍性，这些服务本身可以方便旅游者开展旅游活动，在智慧旅游与智慧城市没有充分整合的情况下，智慧城市发展建设内容甚至涵盖旅游业需求，由此弱化了城市中的智慧旅游；四是智慧旅游城市的发展建设是一个系统复杂的过程，需要长期建设和积累，并且需要较大的成本投入，在建设经验和发展条件不足的现状下，智慧旅游城市发展建设仍然处于初级阶段。

随着经济社会的发展进步和智慧旅游的深入建设，智慧旅游城市的功能、体系、内容也将逐步丰富和健全，从而真正助力城市旅游发展。

二、智慧旅游城市建设

（一）探索运营模式、创新选择智慧旅游城市的服务主体

智慧旅游城市的核心是旅游信息化，旅游信息化的建设主要分为行业管理部门、旅游企业、智慧旅游服务提供商、智慧旅游规划提供商4类主体。

对于通过信息化带来的经济效益大于投资的信息化项目，可以完全由企业投资；经济效益与投资基本持平的信息化项目，政府与企业共同投资；经济效益小但社会价值较大，能够给本地旅游带来较大增长的信息化项目，可以考虑由政府独自投资；而对于那些投资较大，而社会效益较小的信息化项目，即使技术再为先进，也不应该纳入信息化建设范围。

（二）引导社会力量、快速形成智慧城市建设与运营合力

我国的智慧旅游城市建设还处于探索阶段，当前的主要建设力量主导力量还是政府，智慧旅游的建设也主要集中在电子政务和公共服务范畴。而旅游产业化与信息化的两化融合，就必须让旅游企业成为信息化的主导力

量，让智慧旅游服务厂商成为智慧旅游建设的主要推动力量。

所以当前政府的主要任务应该分为两大类：一是鼓励和引导当地旅游企业做好信息化建设。尤其是本地核心旅游目的地（旅游企业）的信息化建设尤其重要，政府要通过政策和资金支持做好这方面的引导。二是引导更多智慧旅游服务厂商，比如云服务厂商、软硬件信息化企业、运营商，投入公共服务领域的信息化建设。在此基础上，还要考虑把门户网站、传媒企业等传统行业引入智慧旅游建设。

同时，智慧旅游的系统运行与持续服务非常重要，所以每个地方政府在组织智慧旅游建设的时候，既要考虑国内的一流的智慧旅游服务商，也要充分考虑本地旅游信息化厂商的培育，要通过智慧旅游建设来带动本地信息化企业的发展，并借助本地化服务来实现智慧旅游的持续运营。

（三）以发展为目标、合理实现智慧旅游建设的有序推进

智慧旅游城市的建设不是形象工程，更不是技术探索，其核心还是通过信息化来实现城市环境和服务品质的提升，促进城市经济发展和人民生活水平的提高。当前各个地区的智慧旅游建设如火如荼，但普遍存在经济效益难以提升、持续建设无法保证、运营无承担主体等问题，主要原因还是在于我们的旅游信息化建设还相对落后，并没有找到合理、科学的智慧旅游推进策略。

智慧旅游城市的技术应用、建设环境和涉及领域都非常复杂，再加上与智慧城市集成、共享关系，又涉及投资、建设、运营等多个阶段，所以智慧旅游城市的建设必将是一个非常复杂的系统工程，总体规划很重要、建设与运营方案很重要，智慧旅游的建设有序开展和过程监控更为重要。

因此中国的智慧旅游建设必然是一个波浪式前进和螺旋式发展的过程，在 3～5 年的时间里，至少还要经历从无到有、从有到多、从多到全、从全到通等 4 个阶段。在当前阶段，智慧旅游的建设需要大规模的投资，而站在政府角度，要保证智慧旅游的持续投资，智慧旅游的第一目标是促进当地旅游发展，旅游营销、宣传领域的智慧化应该排在第一位；第二就是服务提升，这个主要包括公共服务的智慧化、旅游企业服务的智慧化和以及旅游环境的整体品质提升。在实现这两个主体目标的情况下，可以把资源共享和旅游云服务的信息化建设依据技术可行性做有限度地开展。

第七章 智慧旅游电子商务

第一节 智慧旅游电子商务概述

一、电子商务的概念

20世纪90年代以来，随着计算机网络、通信技术的迅速发展，特别是互联网的普及应用，电子商务以前所未有的速度向各个社会领域渗透，并迅速演变为一场全球性的发展浪潮，在世界经济生活中出现了广泛的技术应用革命。对于电子商务，国际上至今没有统一的定义。在率先发展电子商务的美国、西欧等发达国家和地区，许多组织、企业根据自己的理解，提出电子商务的概念。

（一）世界电子商务大会的定义

国际商会在巴黎举行世界电子商务会议中，其中一项重要内容是共同探讨电子商务的概念。会议从商业角度提出电子商务的概念：电子商务是实现整个贸易活动的自动化和电子化。它涵盖的业务包括信息交换、售前售后服务、销售、电子支付、运输、组建网上企业等。

（二）世界贸易组织的定义

电子商务是通过电信网络进行的生产、营销、销售和流通活动，它不仅指基于因特网上的交易活动，还指所有利用电子信息技术（IT）来解决问题、降低成本、增加价值、创造商业和贸易机会的商业活动，包括通过网络实现从原材料查询、采购、产品展示、订购到出品、储运、电子支付等一系列的贸易活动。

（三）IBM公司（国际商业机器公司）定义的电子商务

电子商务是指采用数字化电子方式进行商务数据交换和开展商务业务

的活动，是在互联网广阔联系与传统信息技术系统的丰富资源相结合的背景下，产生的一种相互关联的动态商务活动。它强调的是在计算机网络环境下的商业化应用，不仅仅是硬件和软件的结合，还是在因特网、企业内部网、企业外部网下进行的业务活动。

（四）惠普公司对电子商务的定义

惠普公司认为电子商务是通过电子化手段来完成商业贸易活动的一种方式。电子商务使我们能够以电子交易为手段完成物品和服务的交换，是商家和客户之间的联系纽带。它包括两种基本形式：商家之间的电子商务及商家与最终消费者之间的电子商务。

（五）EB 与 EC

广义的电子商务，简称 EB，是指各行各业，包括政府机构和企业、事业单位各种业务的电子化与网络化。EB 也可以成为电子业务，其业务主要包括电子商务、电子政务、电子军务、电子医务、电子教务、电子公务、电子事务、电子家务等。

狭义的电子商务，简称 EC，是指人们利用电子化手段进行以商品交换为中心的各种商务活动，如公司、厂家、商业企业、工业企业或消费者个人利用计算机网络进行的商务活动。EC 也可称电子交易，包括电子商情、电子广告、电子合同签约、电子购物、电子交易、电子支付、电子转账、电子结算、电子商场、电子银行等不同层次和不同程度的电子商务活动。

二、智慧旅游电子商务的概念

国际上沿用较广的是世界旅游组织对旅游电子商务的定义：旅游电子商务就是通过先进的信息技术手段改进旅游机构内部和对外的连通性，即改进旅游企业之间、旅游企业与上游供应商之间、旅游企业与旅游者之间的交流和交易，改进旅游企业内部流程，增进知识共享。

旅游电子商务是通过先进的网络信息技术手段实现旅游商务活动各环节的电子化，包括通过网络发布、交通旅游基本信息和旅游商务信息，以电子手段进行旅游宣传促销、开展旅游售前售后服务；通过网络查询、预订旅游产品并进行支付，以及旅游企业内部流程的电子化及管理信息系统的应用；等等。

"智慧化"成为新时代下发展旅游的必然选择，旅游电子商务业务也成为众多旅游企业新的盈利方式。在分析已有研究成果的基础上，可以把智慧旅游电子商务定义为：在智慧旅游背景下，利用互联网、现代通信技术及其他信息技术进行的任何形式的旅游商务运作、管理和信息交换，它拥有旅游电子商务的一切功能，旅游企业可通过旅游电子商务平台整合旅游资源，为旅游者量身定做，提供适需对路的旅游产品，旅游者也可以通过旅游电子商务平台寻找个性化的旅游产品及活动。智慧旅游电子商务打破空间和地点的阻隔，用户可以随时、随地、随意地去查询、消费、游乐，而且一切行为都可以在云端统一协调。

三、智慧旅游电子商务的体系结构

一个完整的旅游电子商务系统是以网络信息系统为基础，由旅游者、旅游企业、电子商务服务商、电子支付结算体系共同组成的综合体。

智慧旅游电子商务系统不是独立的，它是电子商务的一个重要组成部分，需要旅游业发展环境、社会环境、网络技术环境及相关的电子商务法律法规和旅游管理法律法规的支持与保障。

无论是互联网上的旅游电子商务还是企业内部的管理信息系统，都是以计算机网络化的形式存在、管理和运营的。智慧旅游电子商务中涉及的信息流、资金流均和网络信息系统密切联系。以网络信息系统为平台，旅游企业、旅游者、专业旅游网站运营商、支付结算服务商、物流服务商等组成了一个完整的旅游电子商务运作系统。

（一）智慧旅游电子商务体系的构架基础

互联网信息系统是智慧旅游电子商务的基础，是提供信息、实现交易的平台。旅游企业、机构及旅游者之间利用这个平台进行跨越时空的信息交换。旅游机构可以在网站上发布信息，旅游者可以搜寻和查看信息。交易双方可以通过网络支付系统进行电子支付。旅游预订和交易信息可以指示旅游企业组织旅游接待服务，最后保证旅游业务的顺利实现。网络信息系统可以分为互联网、增值网和内联网 3 种。

互联网可以为电子商务的开展提供许多便利，实现很多诸如电子邮件、信息浏览、远程登录、网上聊天等功能，而且能够提供 24 小时的信息服务，并且支持图片、声音等多种多媒体形式。互联网与旅游业结合可以为旅游机构提供巨大的商业机会。

增值网是最早的旅游电子商务方式，主要模式是电子数据交换，主要应用于旅游企业之间的商务活动。电子数据交换需要专门的操作人员自行开发所需应用程序，并且需要业务伙伴也使用电子数据交换，因此受到一定的制约。但是相对于互联网，电子数据交换在安全保障方面更具优势。目前电子数据交换在智慧旅游中的应用主要集中在计算机预订系统和全球分销系统中。

内联网是在互联网基础上发展起来的企业内部网。它把一些特定软件附加在原有的局域网上面，将局域网与互联网连接起来，而且它受到企业防火墙安全网点的保护，外部人员很难进入。内联网连接分布在各地的分支机构及企业内部部门，企业管理人员以此获得自己所需的信息，从而形成企业内部的虚拟网络，降低企业的通信成本，推进企业的内部无纸化办公。如今，在大型饭店集团及大型旅行社中广泛使用内联网。

（二）智慧旅游电子商务的技术支持者

电子商务服务商为旅游企业、旅游机构和旅游者在网络信息系统上进行商务活动提供技术支持。根据其服务内容和层次的不同可分为两类。

第一，旅游电子商务系统提供物质基础和技术支持服务的系统支持服务商。

第二，专业的电子商务平台运营商，负责开发运营电子商务平台，为旅游企业和旅游者之间提供沟通渠道、交易平台及相关服务。

（三）智慧旅游电子商务网上交易实现的保障

电子支付结算，是旅游网上交易完整实现的很重要的一环，关系到购买方的信用、能否按时支付、旅游产品的销售方面能否按时回收资金并促进企业经营良性循环等问题。电子支付结算系统的稳步发展，是智慧旅游电子商务得以顺利实现的重要因素。

旅游产品具有异地购买、当地消费的特点，与其他行业不同，旅游电子商务对物流配送的需求相对较少。不管是预订酒店还是预订旅游线路，都需要旅游者亲临当地进行消费。旅游产品的这种消费特点很好地规避了传统电子商务过程中商品远距离运送的问题，而只需要解决一些交通票据的距离递送，比如机票的上门配送服务等。

四、发展智慧旅游电子商务的意义

伴随互联网技术兴起和普及而产生的旅游电子商务，已成为发达国家开拓旅游市场的重要手段，给旅游业的传统经营模式带来极大挑战。在这种背景下，发展旅游电子商务，使传统旅游业快速融入旅游电子商务发展浪潮，有利于改变旅游企业传统经营模式、为旅游者提供个性化服务、实现旅游服务形式多样化、降低旅游企业经营成本，进一步完善旅游企业的服务形式。

（一）改变旅游业传统经营模式

旅游业是为旅游者提供吃、住、行、游、购、娱等多种服务的综合性行业，旅游者对旅游企业服务的满意程度在一定程度上决定着旅游企业的生存和发展。因此，旅游企业要及时了解旅游市场客源信息和旅游者需求，及时、准确、详尽地向旅游者提供丰富的旅游景点信息，并根据旅游者的需求提供相关服务。在旅游企业传统经营模式下，旅行社承担着组织客源和协调酒店、交通运输、旅游景点关系的重任，一方面要收集潜在旅游者的需求信息，将它传递给酒店、交通运输、旅游景点等，使它们能够迅速做出反应，为旅游者提供满意的服务（或产品）；另一方面要将旅游服务（或产品）的有关信息直接或间接地传递给潜在旅游者，激发他们的旅游欲望，使其产生旅游行为。这种经营模式往往因为时空限制，不能适应旅游企业与旅游者之间相互交流的要求，难以满足旅游者个性化、多样化需求，甚至会增加旅游者的旅游成本，导致其满意度下降，成为阻碍旅游业发展的瓶颈。旅游电子商务突破时空限制，使各旅游企业之间沟通更便捷，任何一个企业都可以通过旅游电子商务平台了解其他企业的情况，实现资源、信息和利益共享，使旅游企业与旅游者之间的相互交流和信息反馈更加畅通，以便推出满足旅游者个性化需求的旅游服务（或产品），获取旅游商机，提高经营效率。

（二）为旅游者提供个性化服务

随着社会经济的发展和城乡居民生活水平的提高，旅游者追求个性化旅游成为一种时尚。所谓个性化旅游是指为满足旅游者某方面的特殊兴趣与需要，定向开发、组织的一种特色旅游活动，它是对传统常规旅游形式的一种发展和深化，对旅游服务提出更高要求。旅游者在出游前需要全面了解与旅游相关的各种信息，并希望在旅游过程中充分享受到方便快捷的服务。要满足旅游者这种个性化的旅游需求，旅游企业必须拥有强大的资源整合能力，传统的旅游业务管理模式显然不能满足这种需求，旅游电子商务平台具有高速度、高精度和低成本的信息处理能力，可以在较短的时间内迅速整合各种旅游资源，因而旅游电子商务发展可为旅游企业向旅游者提供个性化服务创造广阔的空间。一方面，旅游者通过旅游电子商务平台不仅可以查询旅游企业及其提供的各条线路和景点，了解行程、报价、住宿等信息，而且可以自由进行交流、自主选择自己所需要的产品和服务，自愿组团和选择参加者，自助地预订旅游路线、选择交通方式、预订酒店和导游，并根据自身需要对旅游企业提出新的要求。另一方面，旅游企业可以通过旅游电子商务平台与旅游者进行交互式沟通，为缺乏旅游经验的旅游者提供咨询意见，并及时根据自身的实际情况，针对旅游者的需求，为旅游者提供无处不在的个性化、实时贴心服务，使个性化旅游带给旅游者全新的旅游体验，从中享受旅游的乐趣，从而创造出更多的市场机会。

（三）实现旅游服务形式多样化

旅游产业涉及范围广，关联到交通、商业、邮电、文化、文物等相关部门，旅游企业以往千篇一律的"旅游套餐"服务已经不能满足旅游者多样化需求。旅游电子商务把众多的旅游供应商、旅游中介、旅游者联系在一起，将相关的旅游景点、交通、休闲、娱乐、餐饮、文化、购物系统化地整合到一起，组成一个全方位的服务网络，具有覆盖面广、效率高、成本低等特征，能弥补传统旅游企业无法满足旅游者多样化需求的不足，为旅游者提供了多样化服务。

随着旅游行业竞争日益激烈，各旅游企业纷纷利用旅游电子商务，生动、立体地展示自身旅游产品特色，进行网上售前推介，宣传旅游产品的经营绩效，打造旅游品牌和信誉；外延旅游周边产业，除向旅游者提供旅游核心产品外，还开展餐饮、住宿、订票、租车、网上支付、网上咨询、网上洽谈等多样化服务。如中国旅游商务热线与广州市饮食服务集团合作，曾开展网上销售配送服务。不仅如此，旅游者也可以在旅游电子商务平台购买旅游产品、景区纪念品、导游服务等。可见，旅游电子商务化大大丰富旅游服务形式，旅游企业以其多样化的旅游服务满足旅游者多样化需求，是其在旅游市场制胜的关键。

（四）降低旅游企业的经营成本

旅游电子商务的发展可以提高经营效率和竞争能力，在一定程度上降低旅游企业的经营成本。这主要是因为传统旅游企业主要通过报纸、杂志、电视、广播等媒体传递信息，旅游者由此所获取的旅游信息仅局限于旅游线路、往返交通工具、居住旅馆、旅游产品价格等；以电话、邮件、传真作为主要的联系方式，其运营成本往往较高。旅游电子商务将旅游产品及相关信息的发布、订购、支付、售后服务等功能集于一体，以电子流代替实物流，使旅游企业、旅游代理商、旅游者相互之间通过网络进行信息沟通、传递，突破时空限制，可以大大节省经营的人、财、物费用支出，并使旅游者节省信息搜寻成本，减少信息搜寻时间。旅游企业可以和旅游者进行直接交易，提供预订服务，不用面临复杂、费力的物流配送问题，甚至可以省去物流环节，从而减少旅游市场的中介费用，节约成本支出。旅游企业还可以应用旅游电子商务创新经营模式，形成以"旅游者为中心"的消费市场，并借助旅游电子商务方便地与其他企业建立网络型商务联系，促进旅游交易与旅游行为的发生，给旅游业带来新的发展动力，从而大大降低交易成本。

第二节 智慧旅游电子商务模式

一、B2C 智慧旅游电子商务模式

B2C 旅游电子商务模式，即电子旅游零售，俗称旅游零售，是旅游企业向消费者提供电子商务服务的形态。交易时，旅游散客先通过网络获取旅游目的地信息，然后在网上自主设计旅游活动日程表，预订旅游饭店客房、车船机票等，或报名参加旅行团。对旅游业这样一个旅客高度地域分散的行业来说，旅游 B2C 电子商务方便旅游者远程搜索、预订旅游产品，克服距离带来的信息不对称。通过旅游电子商务网站订房、订票，是当今世界应用最为广泛的电子商务形式之一。另外，旅游 B2C 电子商务还包括旅游企业向旅游者提供拍卖旅游产品的服务，由旅游电子商务网站提供中介服务等。就网站而言，B2C 的商业模式对规模经济的需求决定了网站需要向尽量多的网民提供酒店、机票和线路预订服务，并提供充分的信息和及时的沟通。目前 B2C 旅游网站提供给用户的主要服务项目可以归纳为三类。

（一）信息查询服务

信息查询服务，包括旅游服务机构的相关信息（如饭店、旅行社及民航航班等信息）、旅游景点信息、旅游路线信息、旅游常识、货币兑换、天气、环境、人文等信息以及旅游观感等。

（二）在线预订服务

在线预订服务，主要提供酒店客房、民航班机机票、旅行社旅游路线、自助游度假产品、租赁服务等方面的实时和动态的在线预订业务。

（三）客户服务

客户服务，提供可实施 Internet 在线产品预订的客户端应用程序，利用这种预订，客户（只通过系统预订的个人以及机关团体）可以与代理人（指酒店、民航、旅行社等相关旅游服务机构）进行实时的网上业务洽谈，管理自己的预订记录。

二、B2B 智慧旅游电子商务模式

B2B 电子商务模式是指企业之间通过网络信息手段实现互相之间的一对一或一对多的交易，如采购、分销等。在智慧旅游电子商务中，B2B 交易的主要内容包括。

旅游企业之间的产品代理，如旅行社代订机票、宾馆客房、饭店等，旅游代理商代售批发商组织的旅游线路产品；两家或多家旅行社组团经营同一条旅游线路，由于出团时间相近，每个旅行社的客人较少的情况下，旅行社征得游客同意后将客源合并，由一家旅行社单独操作，降低运作成本，实现规模运作。旅游地接社批量订购当地宾馆客房、饭店、景区门票；客源地组团社与目的地接社之间的委托、支付关系。

以上几种都属于 B2B 的运营模式。B2B 电子商务的需要提高了旅游企业间的信息共享和对接运作效率。按照 B2B 交易平台的经营者不同，可将其分为旅游网上交易市场和旅游网上商务。旅游网上交易市场是提供给企业间进行旅游产品交易，并由第三方经营的旅游电子商务平台，它的收益主要来源是交易提成、广告收入和其他服务收费。旅游网上商务指的是旅游企业在互联网上注册网站，向其他企业提供旅游服务或旅游商品的旅游电子商务平台。

三、O2O 智慧旅游电子商务模式

电子商务已经改变了大众的生活方式。不可否认，把商品塞到箱子里送到消费者面前，这个市场已经成熟，但日常生活中的大多数消费还是离不开到实体店来实现。即使在电子商务最发达的美国，线下消费的比例依然高达 92%。将线上客源与实体店消费进行对接，其中蕴含着巨大的商机，就是在这种环境下产生了 O2O 模式。

线上，互联网是交易的前台，消费者可以在线上筛选服务，成交后也可以在线结算；线下，消费者可以自主去享受服务，就是将线下商务的机会与互联网结合在一起，让互联网成为线下交易的前台。这样线下服务就可以用线上来揽客，消费者可以用线上来筛选服务，还能在线结算，很快就能达到规模。而团购极大地促进了 O2O 模式的发展。

O2O 模式最重要的特点是推广效果可查，每笔交易可跟踪。以在线旅游作为代表，携程、艺龙、青芒果都是 O2O 模式的实践者。无论是飞机票预订、酒店预订、旅游线路预订，还是各种票券的预订，都是互联网最好的诠释。

对 O2O 模式而言，与实物电子商务最大的不同是本身没有物流配送，以及不存在商品质量问题，最大挑战来自消费者对线下服务试题的认可程度。服务类型行业存在很多不确定因素，怎么样保障服务质量将是 O2O 模式发展最主要影响因素。

总的来说，O2O 就是一种线上虚拟经济与线下实体店面经营相融合的新型商业模式。而我们也越来越多地体验到它给我们带来的便利，团购便是它的一个成功的例子。O2O 具有在服务业的优势，且价格便宜可吸引买家，并且折扣信息等可以及时获得。当然，作为一种新型的商业模式，O2O 也存在一些不足，比如商家审核不到位导致服务质量达不到保证和网站不完善。但是 O2O 的发展前景也是不可忽视的，除了冰山一角的团购还有广阔的发展潜力，还有就是把商家（有实体店的）按地域进行划分，向着成为生活服务类折扣商城的形式发展。

四、C2B 智慧旅游电子商务模式

C2B 交易模式是由旅游者提出需求，然后由旅游企业通过竞争满足旅游者的需求，或者由旅游者通过网络结成群体与旅游企业讨价还价，旅游者

在此过程中处于相对强势地位。旅游 C2B 电子商务主要通过电子中间商，例如专业旅游网站、门户网站旅游频道等进行。这类电子中间商提供一个虚拟开放的网上中介市场的信息交互平台上网的旅游者可以直接发布需求信息，旅游企业查询后双方通过交流自愿达成交易。

旅游 C2B 模式的核心是通过聚合为庞大的用户形成一个强大的采购集团，以此来改变旅游电子商务 C2B 模式中用户一对一出价的弱势地位，使之享受到以大批发商的价格买单件旅游产品的利益。C2B 模式主要有两种途径实现。

第一，途径是客户结成团队，主动和商家进行磋商，完成交易。

第二，途径是客户在某个网站平台上形成人气，使得商家不得不前往这个平台寻求消费者，以期达成协议，完成交易。

旅游 C2B 电子商务主要有两种形式。第一种形式是反向拍卖，也就是竞价拍卖的反向过程。先由旅游者提供一个价格范围，求购某一旅游服务产品，再由旅游企业出价，出价可以是公开的或是隐蔽的，旅游者将选择认为质价合适的旅游产品成交。这种形式对于旅游企业来说吸引力不是很大，因为单个旅游者预订量较小。第二种形式是网上成团，即旅游者提出他设计的旅游路线并在网上发布，吸引其他相同兴趣的旅游者。

旅游 C2B 电子商务利用信息技术带来的信息沟通面广和成本低廉的特点，特别是网上成团的运作模式，使得传统条件下难以兼得的个性旅游需求满足于规模化组团，降低成本有了很好的结合点。旅游 C2B 电子商务是一种需求方主导型的交易模式，它体现了旅游者在市场交易中的主体地位，对帮助旅游企业更加准确和及时地了解客户的需求，对实现旅游业向产品丰富和个性满足的方向发展起到促进作用。

响应网是中国最大的 C2B 电子商务网站。该网站致力于积极响应消费者的各类生活消费需求，为消费者省时省力省钱，推动消费市场的迅速发展，同时为商家减少中间环节，让商家不开店不打广告也能在响应网上做生意。响应网是以 C2B 模式、具有互动功能、全新理念的电子商务平台，响应消费者的购买需求，为中小企业服务，以消费者为核心，使双方互利共赢。消费者只需在此平台上免费发布自己的服务需求，不必逛网店，由响应网客服找商家进行报价竞标，消费者只要从众多的竞标商家中选择自己满意的中标即可交易。如果消费者拥有响应网小秘书，无须上网，只要一条短信，就可以掌握相关的动态。

五、C2C 智慧旅游电子商务模式

相对于较为成熟的 B2C 与 B2B 旅游电子商务模式，C2C 旅游电子商务尚处于不成熟阶段。但是随着电子商务活动的普及，以及 C2C 模式相对低廉的营销与运作成本，C2C 旅游电子商务已日渐成为中小型旅游企业进行网络营销以及个人创业的利器，蕴含着极大的发展潜能。就目前而言，国内的 C2C 旅游电子商务主要以两种模式存在。

（一）淘宝网店模式

淘宝网店模式是指中小型旅游企业或个人在淘宝网上开设网店，营销旅游相关产品，目前的交易主要集中于旅游商品销售、家庭旅馆预订以及小型旅行社或个体导游网上招客、组团等。

（二）互助游模式

互助游，又名交换游，被称为是继随团游、自助游后最具革命性的旅行方式。通俗地说，互助游就是互相帮助、交换进行旅游。目前在全国每天至少有 1000 名网友在实施互助游。C2C 模式中业绩较好的个人经营者，随着业务量的不断增长也可以注册使用 B2C 模式。

"利用先进的计算机网络及通信技术和电子商务的基础环境，整合旅游企业的内部和外部的资源，扩大旅游信息的传播和推广，实现旅游产品的在线发布和销售，为旅游者与旅游企业之间提供一个知识共享、增进交流与交互平台的网络化运营模式"。这是百度百科给旅游电子商务下的定义。目前，按照旅游电子商务的交易类型分为 B2B、B2E、B2C、C2B 四类交易模式；按信息终端形式划分为网站电子商务、语音电子商务、移动电子商务和多媒体电子商务。

国内的旅游电商前有携程、艺龙等，后有同程、阿里等，为传统的旅游格局带来了天翻地覆的变化。

"如今，很多人愿意线上购买门票，这其实是一个自然的过程，就是因为市场变了，用户改变了。他们每天接触的都是微信，都是互联网的东西。所以移动端或者是在线端的业务他们非常容易接受"。

从政府角度来讲，主要是研发更多的旅游产品满足游客的不同需求。

但是仅靠线上，其实也推进得比较慢。所以不仅要做电商购买，也要有实体店体验，线上推广，线下体验，这样就可以让游客有更多的选择。

"此外，更注重的是消费者的场景体验，其中包括为每一个产品做好基础的东西，如做好数据、系统的开发，帮游客与合作伙伴解决特定场景下的支付和信用等基础设施问题。打个比方，在无线端方面，一直在做的是景区门票的在线支付。之前我们也做过调查，现在很多人愿意在线上购买门票，其中，在线支付环节的场景体验则是非常关键，如果在这个场景不能顺利支付，那可能就会是另外一种结果。景区门票在线支付这些场景的突破，无疑让每一位旅行者的出行更加便捷。再比如说，酒店的后付方式也是一种场景，更注重消费者的体验。就是当你进入移动互联网时代的时候，给消费者提供更好的支付体验。当这些基础的东西能让越来越多的消费者忘记自己在线上还是线下的时候，整个行业的效率、消费者得到服务的成本效率会更高"。移动互联网给了旅游电商一个机会。在 PC 时代，年轻消费者除了电话线以外，剩下的至少得有网络。移动互联网的今天，其实时时刻刻都跟消费者在一起。谁更能满足消费者的需求，谁才有可能去主导。

微信一直跨界。基于景区这个行业，除了在景区内部实现可以无缝进行微信的购票，其实根据这些大数据的分析，还可以跟交通，甚至可以是跟景区周边做更大的跨越服务。

参考文献

[1] 杨彦锋，曾安明．智慧旅游产业数字化的理论与实践 [M].北京：中国旅游出版社，2022.

[2] 史姗姗．智慧旅游管理与实践研究 [M].长春：吉林人民出版社，2022.

[3] 赖斌，洪光英．面向产业数字化转型的智慧旅游复合型人才培养体系研究与实践 [M].北京：中国旅游出版社，2022.

[4] 晏雄，赵泽宽．文化旅游融合发展理论、路径与方法 [M].北京：中国旅游出版社，2022.

[5] 马潇，韩英．旅游景区开发与区域经济发展 [M].太原：山西经济出版社，2022.

[6] 陈薇．大数据时代智慧旅游管理与服务 [M].北京：中华工商联合出版社，2021.

[7] 牛伟，杨燕芬．智慧旅游建设体系及发展路径研究 [M].长春：吉林人民出版社，2021.

[8] 郝彦革，杨新春．智慧旅游背景下旅游管理新方向 [M].长春：吉林人民出版社，2021.

[9] 徐岸峰，王宏起．数字平台生态系统视角下智慧旅游服务创新模式研究 [M].哈尔滨：哈尔滨工业大学出版社，2021.

[10] 郑红，贾然．旅游研究前沿书系智慧交通理论与实务 [M].北京：旅游教育出版社，2021.

[11] 赵黎明．旅游景区管理学 [M].第 3 版．天津：南开大学出版社，2021.

[12] 魏真，张伟．人工智能视角下的智慧城市设计与实践 [M].上海：上

海科学技术出版社，2021.

[13] 董观志，梁增贤 . 旅游管理原理与方法 [M]. 武汉：华中科技大学出版社，2020.

[14] 向从武，刘军林 . 旅游管理教学案例 [M]. 武汉：华中科技大学出版社，2020.

[15] 黄鑫 . 旅游管理与旅游管理专业人才培养研究 [M]. 北京：中国纺织出版社，2020.

[16] 刘英，宋立本 . 旅游景区服务与管理 [M]. 北京：北京理工大学出版社，2020.

[17] 王金伟 . 旅游企业跨国经营管理案例集 [M]. 北京：旅游教育出版社，2020.

[18] 明庆忠 . 旅游景区优化布局与管理改革研究 [M]. 北京：中国旅游出版社，2020.

[19] 王迎新 . 文化旅游管理研究 [M]. 北京：现代出版社，2019.

[20] 汉思 . 旅游管理创新理论 [M]. 长春：吉林文史出版社，2019.

[21] 黄萍 . 旅游管理与市场营销研究 [M]. 吉林出版集团股份有限公司，2019.

[22] 高晶 . 旅游管理实践创新研究 [M]. 北京：现代出版社，2019.

[23] 吕春莉，曲艳丽 . 旅游管理综合实训教程 [M]. 济南：山东人民出版社，2019.

[24] 李友亮 . 旅游管理实用教程 [M]. 北京：中国商业出版社，2018.

[25] 于世宏，关兵 . 旅游管理信息系统 [M]. 北京：北京理工大学出版社，2018.

[26] 朱蔚琦，赵爱民 . 旅游管理专业顶岗实习指导 [M]. 天津：天津科学技术出版社，2018.

[27] 郭伟，付岗 . 旅游管理专业实践教学教程 [M]. 燕山大学出版社，2018.

[28] 万丹 . 旅游管理专业实训项目标准化指导书 [M]. 成都：西南交通大学出版社，2018.

[29] 张河清 . 旅游景区管理 [M]. 重庆：重庆大学出版社，2018.03.